W9-CSR-393

EL CAMINO
HACIA DIOS

El camino hacia Dios
Dwight L. Moody

Publicado por:
Editorial Peniel
Boedo 25
Buenos Aires C1206AAA - Argentina
Tel. (54-11) 4981-6034 / 6178
e-mail: info@peniel.com

www.editorialpeniel.com

Diseño de cubierta e interior: arte@peniel.com

Este texto es de dominio público

Se utilizó la Biblia versión Reina Valera, revisión 1960.

Ninguna parte de esta publicación puede ser reproducida en
ninguna forma sin el permiso escrito de Editorial Peniel.

Impreso en Colombia
Printed in Colombia

Moody, Dwight
El camino hacia Dios - 1a ed. - Buenos Aires : Peniel, 2006.
Traducido por: María José Hoff
ISBN-10: 987-557-124-5   ISBN-13: 978-987-557-124-2
1. Vida Cristiana-Oración. I. Hoff, María José, trad. II. Título CDD 248
208 p. ; 17x11 cm

EL CAMINO
HACIA DIOS

DWIGHT L. MOODY

BUENOS AIRES - MIAMI - SAN JOSÉ - SANTIAGO

www.editorialpeniel.com

Índice

Al lector

En este pequeño volumen, me he esforzado para mostrarles a los hombres "el camino hacia Dios". Comenzando con "el amor de Cristo" (Efesios 3:19) por la humanidad, el libro procede a mostrar cómo el hombre puede ser hecho justo para con Dios, y a llevar las almas a Él, quien es *"el camino, y la verdad, y la vida"* (Juan 14:6).

El último capítulo está dirigido especialmente a aquellos que se han apartado, un grupo muy numeroso entre nosotros. ¡Con cuánta gracia Dios mismo apela a aquellos que se han alejado de Él!: *"Vuelve, oh Israel, a Jehová tu Dios; porque por tu pecado has caído. Llevad con vosotros palabras de súplica, y volved a Jehová, y decidle: Quita toda iniquidad, y acepta el bien, y te ofreceremos la ofrenda de nuestros labios"* (Oseas 14:1-2). ¡Y qué respuesta de amor Él devuelve!: *"Yo sanaré su rebelión, los amaré de pura gracia; porque mi ira se apartó de ellos"* (Oseas 14:4).

Con la más sincera oración y esperanza de que por la bendición de Dios en estas páginas el lector pueda ser fortalecido, establecido y confirmado en la fe en Cristo,

Suyo en el servicio,

D. L. Moody

1

"El amor que excede todo conocimiento"

"Y de conocer el amor de Cristo, que excede a todo conocimiento" (Efesios 3:19).

Si pudiera hacer que los hombres comprendieran el significado de las palabras del apóstol Juan: *"Dios es amor"* (1 Juan 4:8), tomaría solamente ese texto e iría por todo el mundo proclamando esta verdad gloriosa. Si puede convencer a alguien de que lo ama, ha ganado su corazón. ¡Si pudiéramos realmente hacerles creer a las personas que Dios las ama, las encontraríamos haciendo fila ante las puertas del Reino de los cielos! El problema es que muchos piensan que Dios los aborrece, entonces están todo el tiempo tratando de escaparse de Él.

Una frase marcada a fuego

Hace unos años construimos una iglesia en Chicago, y estábamos muy ansiosos por enseñarle a la gente del amor de Dios. Pensamos que si no podíamos predicarles al corazón, al menos trataríamos de inculcárselo. Entonces pusimos un cartel sobre el púlpito, escrito con grandes letras, que decía: DIOS ES AMOR. Un hombre que caminaba por la calle una noche, se asomó por la puerta y leyó el texto bíblico. Era un mendigo. Mientras seguía de largo pensaba para sí mismo: "¡Dios es amor! No, Él no me ama, porque yo soy un pobre y miserable pecador". Trató de sacarse de la cabeza lo que había leído, pero parecía quedarse allí frente a él, con letras escritas con fuego.

Caminó un poco más, luego se detuvo y volvió a la reunión. Aunque no escuchó el sermón, las palabras de ese breve texto habían surtido efecto en su corazón, y eso fue suficiente. Poco importan las palabras de los hombres, si logran que Dios pueda entrar al corazón del pecador. Se quedó hasta que la primera reunión hubo acabado, y lo encontré allí llorando como un niño. Cuando le hablé de lo que decían Las Escrituras de cómo Dios lo había amado todo ese tiempo, aunque él se hubiera apartado de ese amor, y de cómo Dios esperaba para recibirlo y perdonarlo, la luz del Evangelio se abrió paso hacia su mente, y salió de allí regocijándose en el Señor.

No hay nada en este mundo que los hombres necesiten tanto como el Amor. Muéstreme una persona que no tiene a nadie que se interese o que cuide de él, y le mostraré uno de los seres más desdichados sobre la faz de la Tierra. ¿Por qué la gente se suicida? Muy a menudo es porque este pensamiento los golpea: que nadie los ama, y que es preferible morir antes que vivir así.

No conozco otra verdad en La Biblia que debamos apropiarnos tanto como aquella del amor de Dios; y no hay verdad en La Biblia que Satanás intente tanto boicotear. Por más de seis mil años él ha tratado de persuadir a los hombres de que Dios no los ama. Tuvo éxito en conseguir que nuestros primeros antecesores lo creyeran; y con frecuencia también lo logra con nosotros, sus descendientes.

Las dimensiones del amor de Dios

En Efesios 3:18 se nos dice de *"la anchura, la longitud, la profundidad y la altura"* del amor de Dios. Muchos de nosotros creemos que sabemos algo acerca del amor de Dios; pero debemos admitir que aún no hemos descubierto nada de él. Colón descubrió América, pero ¿qué supo de sus grandes lagos, ríos, bosques y del valle del Mississipi? Murió sin saber mucho de lo que había descubierto.

Si deseamos conocer el amor de Dios, debemos ir al Calvario. ¿Podemos mirar esa escena y decir que Dios no nos ama? Esa cruz nos habla del amor de Dios. Nunca ha sido enseñado un amor mayor que aquel que la cruz nos enseña. ¿Qué hizo que Dios diera a Cristo? ¿Qué hizo a Cristo morir? No fue otra cosa más que amor.

"Nadie tiene mayor amor que este, que uno
ponga su vida por sus amigos" (Juan 15:13).

Cristo puso su vida por sus enemigos; Cristo puso su vida por sus asesinos; Cristo puso su vida por aquellos que lo odiaban; y el espíritu de la cruz, el espíritu del Calvario, es el amor. Cuando se burlaban y lo ridiculizaban ¿qué dijo Él?:

"Padre, perdónalos, porque no saben lo que hacen"
(Lucas 23:34).

Eso es amor. Él no pidió fuego del cielo que bajara y los consumiera; no había otra cosa que amor en su corazón.

El amor de Dios no cambia

Si usted estudia La Biblia verá que el amor de Dios no cambia. Muchas personas que en un tiempo lo amaron, quizás se hayan enfriado en su afecto, y se hayan alejado de usted; aún puede ser que su amor se haya transformado en resentimiento. Pero no es así con Dios. Se dice de

Cristo Jesús, en el momento en que era separado de sus discípulos y llevado al Calvario, que:

> *"Como había amado a los suyos que estaban en el mundo, los amó hasta el fin"* (Juan 13:1).

Sabía que uno de sus discípulos iba a traicionarlo, pero aún así amaba a Judas. Sabía que otro iba a negarlo y a jurar que no lo conocía, pero aún así amaba a Pedro. Fue el amor que Cristo tuvo por Pedro lo que quebrantó su corazón y lo trajo nuevamente en penitencia a los pies de su Señor. Por tres años Jesús había estado con sus discípulos tratando de enseñarles de su amor, no solo a través de su vida y sus palabras, sino también por sus obras. Y así fue como, en la noche de su traición, tomó una vasija de agua, se ciñó con una toalla, y tomando el lugar de un siervo, les lavó sus pies: quería convencerlos de su amor inmutable.

No hay otro pasaje en Las Escrituras que yo lea tan frecuentemente como Juan 14, y no hay otro que me resulte más tierno. Nunca me canso de leerlo. Mire lo que nuestro Señor dice, al derramar su corazón ante sus discípulos:

> *"En aquel día vosotros conoceréis que yo estoy en mi Padre, y vosotros en mí, y yo en vosotros. El que tiene mis mandamientos, y los guarda, ése es el que me ama; y el que me ama, será amado por mi Padre"*
> (vv. 20-21).

Piense en el gran Dios que creó los cielos y la Tierra amándonos a usted y a mí…

> *"El que me ama, mi palabra guardará; y mi*
> *Padre le amará, y vendremos a él, y haremos*
> *morada con él"* (Juan 14:23).

¡Que Dios nos ayude a que nuestras mentes endebles puedan captar esta inmensa verdad, que el Padre y el Hijo nos amaron tanto que desean venir y habitar en nosotros! No quedarse por una noche, sino hacer morada permanente en nuestros corazones. Tenemos un pasaje aún más maravilloso en Juan 17:23:

> *"Yo en ellos, y tú en mí, para que sean*
> *perfectos en unidad, para que el mundo*
> *conozca que tú me enviaste, y que*
> *los has amado a ellos como también a mí me*
> *has amado".*

Creo que este es uno de los dichos más extraordinarios que alguna vez salieron de los labios de Jesús. No había razón para que el Padre no lo amara. Él fue obediente hasta la muerte; nunca transgredió la ley del Padre, ni se desvió un solo grado de la obediencia perfecta. Con nosotros es muy diferente; y aún, a pesar de nuestras rebeliones y nuestra necedad, Él dice que si confiamos en Cristo, el Padre nos ama como ama a su Hijo. ¡Qué maravilloso amor! ¡Qué precioso amor! Que Dios pueda amarnos de la misma forma en que ama a su Hijo parece ser demasiado bueno para ser verdad. Pero esa es la enseñanza de Cristo.

Es difícil hacerle creer a un pecador este amor inalterable de Dios. Cuando una persona se desvía de Dios, piensa que Él está enojado. Debemos distinguir al pecado del pecador. Dios ama al pecador, pero odia al pecado. Y odia al pecado porque destruye la vida humana. Es simplemente porque Dios ama al hombre que odia al pecado.

El amor de Dios nunca falla

El amor de Dios no solo es inmutable, sino que *es* infalible. En Isaías 49:15-16 leemos:

> *"¿Se olvidará la mujer de lo que dio a luz,*
> *para dejar de compadecerse del hijo de su*
> *vientre? Aunque olvide ella, yo nunca me*
> *olvidaré de ti. He aquí que en las palmas de*
> *las manos te tengo esculpida; delante de mí*
> *están siempre tus muros".*

No hay amor más fuerte que el amor de una madre. Muchas cosas pueden separar a un hombre de su esposa. Un padre puede darle la espalda a su hijo; los hermanos y hermanas a veces se convierten en enemigos; los maridos pueden abandonar a sus esposas, y las esposas a sus maridos. Pero el amor de madre permanece a pesar de todo. Cuando su hijo se porta bien, cuando se porta mal, ante la condenación del mundo, el amor de una madre no se agota, y siempre tiene esperanza de que su hijo se arrepienta y cambie. Ella recuerda su rostro sonriente cuando pequeño, la risa alegre de la infancia, la promesa de la juventud. Ni aún la muerte puede apagar este amor, porque él es más fuerte que la misma muerte.

Quizás haya visto una madre cuidar a su hijo en el lecho de la enfermedad. ¡Qué dispuesta estaría ella a tomar la enfermedad sobre su propio cuerpo si así aliviara el dolor de su niño! Semana tras semana lo vigilará y no dejará que nadie más cuide a ese hijo enfermo.

"Este es mi hijo; aún lo amo"

Un amigo mío, hace algún tiempo, estaba visitando un hermoso hogar donde encontró a un montón de amigos suyos. Luego de que todos se habían marchado, recordó que se le había olvidado algo y regresó a la casa. Allí se encontró con la señora de la casa, una mujer adinerada, sentada detrás de un pobre hombre que parecía un vagabundo. Era su hijo. Tal como el hijo pródigo, él se había ido de su casa, y aún así la madre decía:

– Este es mi hijo; aún lo amo.

Tome el caso de una madre con diez hijos: si uno se aparta, ella parece amar a ese más que al resto.

Se cuenta una historia de una joven mujer en Escocia, que abandonó su hogar y vino a ser una proscrita en

Glasgow. Su madre la buscó a lo largo y a lo ancho del país, pero todo fue en vano. Finalmente logró que su retrato –el de la madre– fuera colgado en las paredes de los cuartos de Misión de Medianoche, adonde las mujeres abandonadas acudían. Muchas le echaron un vistazo al retrato, pero una se quedó un rato frente a él. Era el mismo rostro que tanto la había mirado y cuidado cuando ella era una niña. No la había olvidado, ni había echado fuera a esa hija pecadora, de otro modo su imagen no hubiera estado colgada en aquellas paredes. Sus labios parecían abrirse y susurrar: "Vuelve a casa, te perdono, y todavía te amo".

La pobre jovencita se hundió en un mar de llanto, invadida por sus sentimientos. Era una hija pródiga. El ver el rostro de su madre le había quebrado el corazón. Se volvió penitente de verdad por sus pecados, y con un corazón lleno de vergüenza y arrepentimiento, volvió al hogar que había abandonado, y madre e hija se hicieron más unidas que nunca.

El amor de Dios supera al amor de madre

Ahora permítame decirle que el amor de una madre no se compara al amor de Dios, ni puede competir con la altura o la profundidad de él. Ninguna madre en este mundo ha amado jamás a su hijo como Dios nos ama a usted y a mí. Piense en el gran amor que Dios debe haber tenido cuando dio a su Hijo para que muriera por este mundo. Antes solía pensar bastante más en el amor de Cristo que en el del Padre. En cierto modo tenía la idea de un juez implacable; que Cristo se interponía entre Dios y yo y apaciguaba la ira de Dios. Pero luego de que yo mismo fui padre, y por años tuve un solo hijo, cuando miraba a mi pequeño pensaba en el hecho de que Él hubiera dado a su único Hijo para morir por mí; entonces me pareció que se requería más amor para que el Padre diera a su Hijo, que para que el Hijo aceptara morir. ¡Oh, qué amor Dios debe haber tenido por el mundo, para darnos a su Hijo para que muriera por él!

"Porque de tal manera amó Dios al mundo,
que ha dado a su Hijo unigénito, para que todo
aquel que en él cree, no se pierda, mas tenga
vida eterna" (Juan 3:16).

Nunca he podido predicar de este texto. Muchas veces pensé que podría, pero es tan profundo que nunca pensé que podría alcanzar su profundidad; solo lo he citado y seguido de largo. ¿Quién puede sondear la profundidad de estas palabras: *"De tal manera amó Dios al mundo"*? Nunca podremos escalar la estatura de su amor o sondear sus profundidades. Pablo oró que podamos comprender cuál sea la anchura, la longitud, la profundidad y la altura del amor de Cristo *"que excede a todo conocimiento"* (Efesios 3:19).

La cruz de Cristo nos habla del amor de Dios

Nada nos habla más del amor de Dios como la cruz de Cristo. Acompáñeme al Calvario y mire al Hijo de Dios colgando de la cruz. ¿Puede oír el clamor penetrante de sus labios agonizantes: *"Padre, perdónalos, porque no saben lo que hacen"* (Lucas 23:34) y decir que Él no lo ama?

> *"Nadie tiene mayor amor que este, que uno*
> *ponga su vida por sus amigos"* (Juan 15:13).

Pero Cristo puso su vida también por sus enemigos.

Otro pensamiento es este: Él nos amó antes de que nosotros hubiéramos pensado en Él. La idea de que Él no nos ama hasta que nosotros lo amemos a Él no se encuentra en Las Escrituras. En 1 Juan 4:10 está escrito:

> *"En esto consiste el amor: no en que nosotros*
> *hayamos amado a Dios, sino en que él nos*
> *amó a nosotros, y envió a su Hijo en*
> *propiciación por nuestros pecados".*

Él nos amó antes que pensáramos en amarlo. Usted ha amado a sus hijos antes de que ellos siquiera supieran nada de su amor por ellos. Lo mismo con Dios: mucho antes de que pensáramos en Dios, ya estábamos en sus pensamientos.

¿Qué fue lo que trajo de regreso a casa al hijo pródigo? Fue el pensamiento de que su padre lo amaba. Suponga que le hubieran llegado noticias de que lo desterraban para siempre de su casa, y que a su padre ya no le importaba más nada acerca de su vida, ¿habría regresado? Nunca. Pero el pensamiento de que su padre todavía lo amaba lo hizo levantarse y volver al hogar. Querido lector, el amor del Padre debe traernos de regreso a Él. Fue la calamidad y el pecado de Adán lo que reveló el amor de Dios. Cuando Adán cayó, Dios descendió y trató con él con misericordia. Si alguien está perdido no será porque Dios no lo ama, en todo caso será que él o ella han resistido el amor de Dios.

¿Qué es lo que hace atractivo al cielo?

¿Son las puertas de perlas o las calles de oro? No. El cielo es atractivo porque contemplaremos a Aquel que nos ha amado tanto como para darnos a su único Hijo para que muriera por nosotros. ¿Qué hace atractivo al hogar? ¿Son los muebles lujosos o las salas ostentosas? No; algunos hogares así son como sepulcros blanqueados.

En Brooklyn, una madre estaba muriendo y era necesario llevarse a su pequeña hija, porque la pequeña no entendía la naturaleza de la enfermedad y molestaba a su madre. Cada noche la niña sollozaba al dormir en la casa de unos vecinos, porque quería volver con su madre; pero la mamá empeoró y no pudieron llevar a la niña de regreso a su hogar. Finalmente la madre murió, y luego de su muerte los vecinos pensaron que sería mejor no dejarle ver a su madre muerta en el ataúd.

Luego del entierro, la niña entró a la habitación gritando: "¡Mami, mami!", y luego a otra habitación: "¡Mami, mami!" hasta buscar por toda la casa. Cuando no tuvo éxito en encontrar a quien amaba, pidió que la llevaran de nuevo con sus vecinos. Entonces, lo que hace atractivo al cielo es el pensamiento de que veremos a Cristo, quien nos ha amado y se ha entregado por nosotros.

Si me pregunta por qué debe amarnos Dios, no sabría qué responderle. Supongo que es debido a que es un verdadero Padre. Es su naturaleza amar; así como es la naturaleza del Sol brillar. Él quiere darnos de su amor. No deje que la incredulidad lo aparte de Él. No piense que, porque es pecador, Dios no lo ama o no se preocupa por usted. ¡Sí lo hace! Quiere salvarlo y bendecirlo.

> *"Porque Cristo, cuando aún éramos débiles, a*
> *su tiempo murió por los impíos"*
> (Romanos 5:6).

¿No es eso suficiente para convencerlo de que Él lo ama? Él no hubiera muerto por usted si no lo amase. ¿Su corazón es tan duro que se atreve a despreciarlo? Puede hacerlo, pero será peligroso. Puedo imaginarme a algunos diciendo: "Sí, creemos que Dios nos ama, si nosotros lo amamos a Él; creemos que Dios ama a los santos y puros". Déjenme decirles, amigos, que Dios no ama solo a los santos y puros: también ama a los impíos.

> *"Mas Dios muestra su amor para con nosotros,*
> *en que siendo aún pecadores, Cristo murió por*
> *nosotros"* (Romanos 5:8).

Dios lo envió a morir por los pecados del mundo entero. Si usted pertenece al mundo, entonces tiene parte en este amor que ha sido mostrado en la cruz de Cristo.

El secuestro de Charlie Ross

Hay un pasaje en Apocalipsis 1:5 en el cual pienso mucho:

"Al que nos amó, y nos lavó".

Puede creerse que Dios primero nos lava y luego nos ama. Pero no es así. Él primero nos amó. Hace ocho años hubo una intensa agitación en los Estados Unidos por el secuestro de Charlie Ross, un niño de cuatro años de edad. Dos hombres en una aglomeración le preguntaron a él y a su hermano mayor si querían algunas golosinas. Luego se llevaron al más pequeño, dejando al mayor en la calle.

Por mucho tiempo se llevó adelante una búsqueda en cada Estado de Norteamérica. También buscaron en Gran Bretaña, Francia y Alemania, pero todo fue en vano. La madre aún cree que algún día encontrarán a Charlie. No recuerdo que el país haya estado tan conmovido por un suceso, excepto por el asesinato del presidente Garfield. Ahora supongamos que la madre de Charlie Ross está en una reunión, y que mientras el predicador está dando su sermón ella mira y ve entre la audiencia a su hijo perdido. Suponga que él está pobre, harapiento y sucio, descalzo y sin abrigo, ¿qué haría la mujer? ¿Esperaría hasta que él se bañe y se vista decentemente antes de reconocerlo como su hijo? No; saldría de su asiento, correría hacia él y lo tomaría entre sus brazos. Luego lo lavaría y vestiría.

Así es con Dios. Él nos amó y nos lavó. Puedo imaginar a alguien diciendo: "Si Dios me ama, ¿por qué no puede hacerme bueno?" Dios quiere hijos e hijas en el cielo; no quiere máquinas o esclavos. Podría quebrantar nuestros corazones obstinados, pero prefiere conducirnos hacia Él con cuerdas de amor.

Quiere que usted se siente a la mesa de las bodas del Cordero, lavarlo y hacerlo más blanco que la nieve. Quiere que camine con Él en el suelo cristalino del mundo más allá. Quiere adoptarlo en su familia y hacerlo un hijo o hija del cielo. ¿Pisoteará el amor de Dios con sus propios pies? ¿O, en esta hora, se rendirá ante Él?

El toque de una madre

Cuando nuestra terrible guerra civil estaba desatada, una madre recibió la noticia de que su hijo había sido herido en la batalla del Desierto. Ella tomó el primer tren en busca de su hijo, a pesar de que había una orden del Departamento de Guerra de que ninguna mujer más sería admitida. Pero el amor de una madre no sabe de órdenes, y ella se las arregló entre lágrimas y ruegos para llegar a las tropas del Desierto. Finalmente encontró el hospital en donde su hijo estaba internado. Entonces al ver al doctor le dijo:

– ¿Me dejaría servir en la enfermería para poder cuidar a mi hijo?

El doctor le respondió:

– Acabo de hacerlo dormir. Está en un estado crítico, y temo que si usted lo despierta, la emoción será suficiente como para llevárselo. Sería mejor que espere hasta que se despierte, entonces le diré que usted ha venido y le iremos dando la noticia gradualmente.

La madre lo miró fijo y dijo:

– Doctor, suponga que mi hijo nunca despierte, no lo llegaría a ver con vida. Permítame ir y sentarme a su lado; no le hablaré una palabra.

– Si no le habla, entonces puede entrar –respondió el médico.

Ella se dirigió hasta la camilla en puntas de pie, y miró el rostro de su hijo. ¡Cuánto había deseado verlo! Ahora parecía que estaba viviendo una fiesta al mirar su semblante. Cuando se acercó, no pudo contener sus manos y tocar su frente sudada. En el momento en que su tierna y amorosa mano tocó la frente del muchacho él, sin abrir sus ojos, dijo:

– Madre, ¡has llegado!

Conocía el toque de esa mano amorosa. Había amor y compasión en ella.

La ternura de Jesús

¡Oh, pecador, si sintieras el toque amoroso de Jesús lo reconocerías; está tan lleno de ternura! El mundo puede tratarte rudamente, pero Cristo nunca lo hará. Nunca tendrás un Amigo mejor en este mundo. Lo que necesitas es volverte hoy a Él. Deja que su brazo te rodee, que su mano se pose sobre ti, y te sostendrá con su poder. Te guardará, y llenará tu corazón con su tierno amor.

Puedo imaginar a algunos de ustedes diciendo:

— ¿Cómo hago para ir a Él?

La respuesta es:

— Tal como va a su propia madre.

¿Alguna vez ha cometido un error que ha lastimado a su madre? Si así es, va a ella y le dice:

— Madre, te pido que me perdones.

Trate a Cristo de igual manera. Vaya a Él hoy y dígale que no lo ha amado, que no lo ha tratado bien, confiésele sus pecados y compruebe qué pronto Él lo bendice.

El perdón de Abraham Lincoln

Recuerdo otro incidente, uno en el que un muchacho había sido juzgado en la corte marcial y condenado a muerte. Los corazones de su padre y su madre estaban abatidos cuando oyeron la noticia. En ese hogar vivía una pequeña niña. Ella había leído sobre Abraham Lincoln, y dijo:

– Si Abraham Lincoln supiera cuánto mi madre y mi padre aman a ese hijo, no permitiría que mi hermano sea ejecutado.

Ella deseaba que su padre fuese a Washington para rogar por su hijo. El padre le dijo:

– No hay caso: la ley debe seguir su curso. Ellos han denegado la petición a dos o tres más que habían sido condenados por la corte marcial, y ha salido una orden del presidente, que nadie debe interferir de nuevo; si un hombre ha sido sentenciado por la corte marcial debe atenerse a las consecuencias.

Esos padres no tenían fe para creer que su hijo podría ser perdonado. Pero la pequeña poseía una gran esperanza.

Ella se subió al tren que llevaba a Vermont y se dirigió a Washington. Cuando llegó a la Casa Blanca los soldados no la dejaban entrar, pero ella les contó la triste historia y le permitieron pasar. Cuando llegó a la oficina del secretario privado del presidente, él no le permitió entrar al despacho presidencial. Pero la niñita le contó su historia, así que él la condujo hacia la sala de reuniones. Cuando entró al salón del presidente Abraham Lincoln, había senadores, generales, oficiales de gobierno y políticos de los Estados Unidos, que estaban reunidos allí para tratar asuntos importantes de la guerra en el país; pero el presidente quiso ver primero a esa niña que estaba parada en la puerta. Quería saber qué deseaba, y ella fue directo al punto y le contó su historia en su propio lenguaje.

Como él era padre, pronto sus lágrimas brotaron de sus ojos y atravesaron sus mejillas. Él escribió un despacho y lo envió al ejército: pidió que enviaran al muchacho inmediatamente a Washington. Cuando llegó, el presidente lo perdonó, le dio treinta días de licencia, y lo envió a su hogar con la niña, para alentar los corazones de su padre y de su madre.

¿Quiere saber cómo ir a Cristo? Vaya tal como esa pequeña niña fue a Abraham Lincoln. Es posible que tenga una historia oscura que contar. Cuéntele todo, no se guarde nada. Si Abraham Lincoln tuvo compasión de la pequeña, oyó su petición y la contestó, ¿cree usted que el Señor no escuchará la suya? ¡De ninguna manera! Él se conmoverá cuando nadie más lo haga; Él tendrá misericordia cuando nadie la tenga; Él mostrará piedad cuando nadie más lo haga. Si usted va directo a Él, confesando su pecado y su necesidad, Él lo salvará.

La liberación de un prisionero

Hace unos años un hombre de Inglaterra fue a los Estados Unidos. Era un inglés, pero se naturalizó y se convirtió en un ciudadano estadounidense. Luego de unos años se sintió insatisfecho e intranquilo, y fue a Cuba. Luego de que hubo estado unos días en Cuba, una guerra civil estalló; era 1967, y este hombre fue arrestado por el gobierno español como espía. Fue juzgado por la corte marcial, hallado culpable y condenado a muerte. Todo el juicio se llevó adelante en el idioma castellano, así que el pobre hombre no sabía lo que sucedía. Cuando le dijeron que el veredicto lo había declarado culpable y condenado a ejecución, presentó el caso ante el consulado estadounidense y el consulado inglés, probando su inocencia y pidiendo protección.

Examinaron el caso, y encontraron que este hombre que los oficiales españoles condenaban, era perfectamente inocente. Fueron al general español y dijeron:

– Este hombre que ustedes han condenado a morir es un hombre inocente: no es culpable.

Pero el general español dijo:

– Ha sido juzgado por nuestras leyes; ha sido hallado culpable y debe morir.

En ese entonces no había telegramas, así que esos hombres no podían consultar con sus gobiernos.

Llegó la mañana en que el hombre debía ser ejecutado. Fue traído sentado en su féretro, en una carreta, y puesto en el lugar en que debía ser ejecutado. Se cavó una tumba para él. Sacaron el ataúd de la carreta, pusieron al joven hombre sobre él, tomaron la capucha negra, y la estaban poniendo sobre su rostro. Los soldados españoles esperaban la orden de fuego. Pero justo en ese momento los cónsules americano e inglés llegaron al lugar. El cónsul inglés se arrojó de su carruaje y tomó la bandera británica y con ella envolvió al condenado; el cónsul americano tomó la bandera estrellada y también envolvió con ella al hombre. Ambos, volviéndose al oficial español, dijeron:

– Abra fuego sobre esas banderas, si se atreve.

Ellos no se animaron a disparar sobre las banderas. Había dos grandes gobiernos detrás de esas insignias. Ese era el secreto de ellas.

> *"Me llevó a la casa del banquete, y su*
> *bandera sobre mí fue amor (…) Su izquierda*
> *esté debajo de mi cabeza, y su derecha me*
> *abrace"* (Cantares 2:4, 6).

Gracias a Dios que podemos ponernos debajo de su bandera hoy, si queremos. Su bandera de amor está sobre nosotros. Bendito evangelio, benditas, preciosas noticias. Créalo hoy; recíbalo en su corazón; entre en una nueva vida. Que el amor de Dios sea derramado en su corazón hoy por el Espíritu Santo: se llevará la oscuridad, se llevará las tinieblas, quitará el pecado, y el gozo y la paz serán suyas.

2

La puerta de entrada al Reino

**"De cierto, de cierto te digo, que el
que no naciere de nuevo, no puede ver
el reino de Dios" (Juan 3:3).**

No hay porción de La Palabra de Dios, quizás, con la que estemos más familiarizados que con este pasaje. Supongo que si tuviera que preguntarle a alguien en una audiencia si creen que Jesús enseñó la doctrina del nuevo nacimiento, el noventa por ciento de ellos diría:

– Sí, creo que sí.

La doctrina del nuevo nacimiento es la más importante

Ahora bien, si las palabras de este texto son verdaderas, toman la forma de una de las preguntas más solemnes que pueden presentarse. Podemos tolerar ser engañados acerca de muchas cosas, pero no de esta. Cristo lo dice muy claramente:

> *"De cierto, de cierto te digo, que el*
> *que no naciere de nuevo, no puede*
> *ver el reino de Dios".*

Y mucho menos heredarlo. La doctrina del nuevo nacimiento es por tanto el fundamento de todas nuestras esperanzas del mundo venidero. Es realmente el ABC de la religión cristiana. Mi experiencia ha sido esta: que si un hombre está errado en esta doctrina, estará errado en casi todas las otras doctrinas fundamentales de La Biblia. Una verdadera comprensión de este tema ayudará al hombre a resolver miles de dificultades que pueda encontrar en La Palabra de Dios. Las cosas que antes parecían oscuras y misteriosas, se volverán sencillas.

La doctrina del nuevo nacimiento desbarata la falsa religión, todos los puntos de vista falsos acerca de La Biblia y acerca de Dios. Un amigo me dijo que una vez, luego de que el servicio hubiera finalizado, un hombre vino a él con una larga lista de preguntas para que él las respondiera. Le dijo:

– Si usted puede responderme estas preguntas satisfactoriamente, he decidido hacerme cristiano.

– ¿No piensa usted –dijo mi amigo– que es mejor primero ir a Cristo? Luego de eso podrá responder todas las preguntas que tenga.

El hombre pensó que era un buen consejo y así lo hizo. Luego de que recibió a Cristo, volvió a mirar la lista en que estaban escritas las preguntas, pero esta vez parecía como si todas ellas hubiesen sido contestadas. Nicodemo vino con su mente perturbada y Cristo le dijo: "Debes nacer de nuevo". Fue tratado en un modo diferente al que esperaba, pero me atrevo a decir que esa fue la noche más bendecida en toda su vida. "Nacer de nuevo" es la mayor bendición que puede sucedernos en este mundo.

Mire cómo lo expresan Las Escrituras:

"El que no naciere de nuevo" (Juan 3:3).

"Nacido de arriba" (nota marginal a Juan 3:3).

"Nacido del Espíritu" (Juan 3:6).

De entre un número de otros pasajes donde encontramos la palabra "si", denotando lo condicional, nombraré tres:

"Antes si no os arrepentís, todos pereceréis igualmente" (Lucas 13:3, 5).

"Que si no os volvéis y os hacéis como niños,
no entraréis en el reino de los cielos"
(Mateo 18:3).

"Si vuestra justicia no fuere mayor que la de
los escribas y fariseos, no entraréis en el reino
de los cielos" (Mateo 5:20).

Los tres significan lo mismo.

Estoy tan agradecido al Señor por haberle hablado del nuevo nacimiento a este jerarca judío, este doctor de la ley, en vez de haberlo hecho con la mujer samaritana, a Mateo el publicano o a Zaqueo. Si Él se hubiera reservado estas enseñanzas sobre este tema tan importante para estos tres últimos, la gente hubiera dicho:

– Oh sí, estos publicanos y prostitutas necesitan convertirse, pero yo soy un hombre justo, no necesito convertirme.

Supongo que Nicodemo era uno de los mejores ejemplares de los habitantes de Jerusalén; no había nada en su contra.

Creo que no es necesario probar que necesitamos nacer de nuevo para poder entrar al cielo. Me atrevo a decir que no hay siquiera un hombre inocente que merezca entrar al cielo hasta que pueda nacer de otro Espíritu. La Biblia nos enseña que el hombre está perdido y que es culpable, y nuestra experiencia lo confirma. También sabemos que el mejor y el más santo de los hombres, cuando se aleja de Dios, cae en pecado.

Lo que no es la regeneración

Ahora, permítame decirle lo que no es la regeneración. No es ir a una iglesia. Con mucha frecuencia veo gente, y les pregunto si son cristianos.

– Sí, por supuesto, al menos eso creo: voy a la iglesia todos los domingos.

Ah, pero eso no es la regeneración. Otros dicen:

– Trato de hacer lo bueno ¿eso no es ser cristiano?

No. ¿Qué tiene que ver eso con nacer de nuevo? También hay otra clase de personas, aquellos que han "dado vuelta la página", y creen que son regenerados. No; tomar una nueva resolución no es nacer de nuevo.

Ni siquiera bautizarse lo hará bueno. Pero usted puede escuchar gente que dice:

– ¿Por qué? He sido bautizado y nací de nuevo el día que me bauticé.

Creen que porque han sido bautizados en una iglesia, han sido bautizados en el Reino de Dios. Le digo que es absolutamente imposible. Usted puede ser bautizado en la Iglesia visible, y aún así no ser bautizado en el Hijo de Dios. El bautismo está bien; Dios me prohíbe decir nada en contra de él. Pero si lo pone en lugar de la regeneración –en el lugar del nuevo nacimiento– comete un terrible error. Usted no puede ser bautizado en el reino de Dios. *"El que no naciere de nuevo, no puede ver el reino de Dios"* (énfasis mío). Si alguien que lee esto está depositando sus esperanzas en otra cosa –o sobre otra base– oro que Dios se las lleve.

Otra clase más es la de los que dicen:

– Asisto a la Santa Cena; participo del sacramento.

¡Bendita ceremonia! Jesús dijo que cada vez que nos reuniéramos, la hiciéramos en conmemoración de su muerte. Pero eso no significa "nacer de nuevo", eso no es pasar de muerte a vida. Jesús dijo claramente –y tan claramente que no hay posibilidad de error–: *"El que no naciere de nuevo, no puede ver el reino de Dios"*. ¿Qué tiene que ver una ceremonia o un rito con esto? ¿Qué tiene que ver ir a la iglesia con nacer de nuevo?

Otro hombre viene y dice:

– Rezo regularmente.

Aún así yo digo que eso no es nacer del Espíritu. Es una cuestión muy seria, entonces, la que ahora está delante de nosotros. Que cada lector pueda preguntarse sincera y honestamente: "¿He nacido de nuevo? ¿He nacido del Espíritu? ¿He pasado de muerte a vida?"

"No necesitamos convertirnos"

Hay una clase de hombres que dicen que las reuniones religiosas especiales son para cierto tipo de personas.

– Sería muy bueno si usted podría llevar a los bebedores allí, o a los jugadores o viciosos, eso haría mucho bien. Pero nosotros no necesitamos convertirnos.

¿A quién le dirigió Cristo estas palabras de sabiduría? A Nicodemo. ¿Quién era Nicodemo? ¿Era un bebedor, un jugador o un ladrón? ¡No! Sin duda era uno de los mejores hombres de todo Israel. Era un honorable canciller, pertenecía al Sanedrín, tenía una posición muy elevada, era un ortodoxo, uno de los hombres más sólidos de la nación. ¿Y qué le dijo Cristo?: *"El que no naciere de nuevo, no puede ver el reino de Dios"*.

Me imagino a alguien diciendo:

– Entonces ¿qué debo hacer yo? No puedo dar vida; ciertamente no me puedo salvar a mí mismo.

Es verdad, no puede; y nosotros no decimos que pueda hacerlo. Le decimos que es absolutamente imposible hacer a un hombre bueno sin Cristo, pero eso es lo que los hombres tratan de hacer. <u>Debe haber una nueva creación</u>. La regeneración es precisamente eso: una nueva creación; y si es nueva creación debe ser obra de Dios. En el primer capítulo de Génesis el hombre no aparece. No hay nadie allí sino Dios. El hombre no tuvo parte en la creación. Cuando Dios creó la Tierra estaba solo.

> *"Lo que es nacido de la carne, carne es; y lo que es nacido del Espíritu, espíritu es"* (Juan 3:6).

El etíope no puede cambiar su color de piel, ni el leopardo sus manchas. Ustedes pueden tratar de ser puros y santos sin la ayuda de Dios. Será tan fácil para usted lograrlo como lo será para un hombre de color lavarse hasta volverse blanco. Será tan fácil para el hombre tratar de saltar sobre la Luna como servir a Dios en la carne. Por tanto, *"lo que es nacido de la carne, carne es; y lo que es nacido del Espíritu, espíritu es"*.

Cómo entrar en el reino de Dios

Dios nos dice en este capítulo cómo hemos de entrar al Reino. No debemos abrirnos paso a través de nuestras obras, no porque la salvación no valga la pena. Si hubiera montañas y ríos en el camino, aún así valdría la pena cruzar esos ríos y escalar esas montañas. No hay duda de que la salvación merece todo nuestro esfuerzo, pero no la obtenemos por lo que hagamos. Dice La Biblia:

> *"Mas al que no obra, sino cree…"* (Romanos 4:5).

Hacemos obras porque somos salvos; no obramos para ser salvados. Obramos desde la cruz, pero no hacia ella. Está escrito:

> *"Ocupaos en vuestra salvación con temor y temblor"* (Filipenses 2:12).

Usted debe obtener la salvación antes de poder ocuparse en ella. Suponga que le digo a mi hijo:

– Quiero que gastes estos cien dólares cuidadosamente.

– Bueno –él me dice– entonces dámelos y seré cuidadoso en la manera en que los gaste.

Recuerdo la primera vez que salí de casa y fui a Boston. Había gastado todo mi dinero; fui a la estafeta postal tres veces en un día. Sabía que solo había una carta por día de mi familia, pero pensaba que tal vez hubiera una remota posibilidad de que hubiera una carta para mí. Al final recibí una carta de mi hermana menor y, oh, ¡qué contento estaba de recibirla! Ella había oído que había muchos carteristas en Boston, y una gran parte de la carta me alertaba de que sea cuidadoso y no dejara que nadie me robara el dinero. Pero requería que tuviera algo en mis bolsillos para poder robar. Entonces, debe tener la salvación antes de que pueda ocuparse en ella.

Cuando Cristo proclamó en el Calvario: *"Consumado es"* (Juan 19:30), sabía lo que decía. Todo lo que el hombre tiene que hacer ahora es simplemente recibir la obra de

Jesucristo. No hay esperanza para el hombre o la mujer que trata de ocuparse de su salvación por sus obras. Creo que alguien debe estar diciendo, como posiblemente lo hizo Nicodemo:

– Es una cosa muy misteriosa.

Veo el ceño fruncido en las frentes de algunos fariseos al decir:

– ¿Cómo puede ser?

Suena muy extraño a sus oídos.

– Nacer de nuevo, nacer del Espíritu, ¿cómo puede ser?

Mucha gente dirá:

– Debe poder razonarse, pero si no puede razonarse, entonces no nos pida que creamos.

Pero otros dirán:

– Usted me dice que trate de entenderlo. Lo he intentado, pero francamente no puedo.

> *"El viento sopla de donde quiere, y oyes su*
> *sonido; mas ni sabes de dónde viene, ni a*
> *dónde va; así es todo aquel que es nacido*
> *del Espíritu"* (Juan 3:8).

Yo no entiendo todo acerca del viento. Si me piden que lo analice, no puedo. Puede soplar del norte aquí, y soplar desde el sur a cientos de kilómetros de aquí. Puede subir unos cuantos metros y soplar en una dirección completamente opuesta de la que está soplando aquí abajo. Me piden que explique estas corrientes de viento; pero suponga que, porque no puedo explicarlas, o porque no las entiendo, me ponga en pie y declare:

– Oh, no existe tal cosa como el viento.

Me imagino que una pequeña niña dirá:

– Yo sé más de él que lo que este hombre está diciendo; siempre escucho al viento y lo siento cuando golpea contra mi rostro.

También podría decir:

– ¿No me arrancó el paraguas de mis manos aquel día ventoso? ¿Y no vi cuando se le voló el sombrero a ese hombre en la calle el otro día? ¿No he visto agitar las copas de los árboles en el bosque y sacudir el trigo en los campos?

Usted podría bien decirme que no existe el viento tanto como que no hay tal cosa como el nuevo nacimiento. Yo he sentido al Espíritu de Dios obrando en mi corazón, tan real y ciertamente como he sentido al viento soplar sobre mi rostro. No puedo tratar de analizarlo. Hay muchas cosas más que no puedo razonar, pero lo que creo es que no puedo tratar de entender la creación. Puedo ver el mundo, pero no pudo explicar cómo Dios lo creó de la nada. Casi todos los hombres admiten el hecho de que hubo un poder creativo.

Es imposible tratar de explicarlo todo

Hay muchas cosas que no puedo entender ni puedo explicar, pero aún así las creo. Oí a un viajante de negocios decir que las cosas del ministerio y la religión eran asuntos de revelación y no de investigación.

> *"Pero cuando agradó a Dios (…) revelar a su*
> *Hijo en mí"* dice Pablo (Gálatas 1:15-16).

Había un grupo de hombres jóvenes que se pusieron de acuerdo para no creer nada que no pudieran razonar. Un hombre mayor los escuchó y les dijo:

Escuché que ustedes dijeron que no van a creer en nada que no puedan explicar.

– Sí, así es –contestaron a una.

– Bien –dijo el viejo hombre– cuando bajé del tren hoy vi algunos gansos, algunas ovejas, unos cerdos y algo de ganado, todos estaban comiendo pasto. ¿Podrían decirme por qué extraño proceso, el mismo pasto produce en algunos de ellos plumas, en otros de ellos lana, en otros cerdas y hasta pelo? ¿Creen que es una ley?

– Oh, sí –dijeron–. Pero no podemos evitar creer en eso aunque no podamos explicarlo.

Por la misma razón yo no puedo menos que creer en Jesucristo. Y no puedo hacer otra cosa que creer en la regeneración del hombre, cuando veo hombres que han sido salvados, cuando veo hombres que han sido restaurados. ¿No han sido regenerados algunos de los peores hombres, sacados del hoyo y puestos sus pies sobre la Roca y con una canción nueva en sus labios? Sus lenguas maldecían y blasfemaban, pero ahora están ocupados en alabar a Dios. Las cosas viejas pasaron y todas han sido hechas nuevas. No son solamente reformados, sino regenerados: hombres nuevos en Cristo Jesús.

Resultados prácticos en la vida real

Allí en un oscuro callejón de una de nuestras grandes ciudades yace un pobre borracho. Creo que si usted quiere acercarse un poco al infierno, debe ir a la casa de un bebedor. Vaya a la casa de ese pobre y miserable bebedor. ¿Hay algo más parecido al infierno en la Tierra? Vea la necesidad y la aflicción que hay allí. ¡Pero escuche! Se oyen pasos en la puerta de entrada y los niños corren a esconderse. La esposa paciente espera para recibir al marido. Él ha sido su tormento. Muchas veces ella ha llevado por semanas las marcas de los golpes en sus mejillas y sus ojos. Muchas veces ese puño fuerte ha golpeado en su indefensa cabeza. Y ahora ella espera escuchar las promesas de cambio para dejar de sufrir su brutal trato.

– He estado en la reunión, y he escuchado que si lo deseo, puedo convertirme. Creo que Dios puede salvarme.

Vaya de nuevo a esa casa en unas semanas y verá el cambio. Al acercarse escuchará un canto. No es el canto de un parrandero, sino las estrofas de aquel viejo himno, "Roca de los siglos". Los niños ya no están asustados de su padre, sino que se cuelgan de sus rodillas. Su esposa está cerca, su rostro en alto, con un nuevo brillo. ¿No es un perfecto cuadro de la regeneración? Quisiera llevarlo a muchos hogares así, hechos felices por el poder regenerador de la religión de Cristo. Lo que el hombre necesita es el poder para vencer la tentación, el poder que lo lleva a una vida justa.

La única manera de entrar al Reino es "nacer" en él. La ley en este país exige que el presidente haya nacido en este país. Cuando los extranjeros vienen a estas costas, no tiene derecho a quejarse contra tal ley, la cual les prohíbe ser presidentes algún día. Bien, ¿no tiene derecho Dios de hacer una ley que diga que todos los que han de ser herederos de la vida eterna deben "nacer" en su reino?

Un hombre no regenerado irá al infierno, no al cielo. Tome un hombre cuyo corazón está lleno de corrupción y maldad y póngalo en el cielo junto a los otros hombres puros, santos y redimidos; él mismo no querrá estar allí. En verdad, si hemos de ser felices en el cielo, debemos empezar a hacer un cielo aquí en la Tierra. El cielo es un lugar preparado para un pueblo preparado. Si un jugador o un blasfemo fuera quitado de las calles de Nueva York y puesto en las calles de oro del cielo tal como es por naturaleza, sin tener su corazón regenerado, habría otra rebelión en el cielo. El cielo está lleno de gente que ha nacido <u>dos veces</u>.

En los versículos 14 y 15 del tercer capítulo de Juan leemos:

> *"Y como Moisés levantó la serpiente en el desierto, así es necesario que el Hijo del Hombre sea levantado, para que <u>todo aquel</u> que en él cree, no se pierda, mas tenga vida eterna"* (énfasis mío).

"Todo aquel"

¡Lo subrayé! Déjeme decirle a los que no han sido salvos lo que Dios ha hecho por ustedes. Él ha hecho todo lo que podía ser hecho para su salvación. No hay necesidad de esperar que Dios haga algo más. En un texto pregunta qué más podría haberse hecho:

> *"¿Qué más se podía hacer a mi viña, que yo no haya hecho en ella?"* (Isaías 5:4).

Mandó a sus profetas, y ellos los mataron; después envió a su Hijo amado, y lo mataron. Ahora ha enviado a su Espíritu Santo para convencernos de pecado y para mostrarnos el camino a la salvación.

En este capítulo se nos dice cómo el hombre ha de salvarse; a saber, por medio de Aquel que ha sido levantado en la cruz. Tal como Moisés levantó la serpiente de bronce en el desierto, así debe ser levantado el hijo del Hombre, *"para que todo aquel que en él cree, no se pierda, mas tenga vida eterna"* (Juan 3:15). Si usted está perdido, no será por culpa del pecado de Adán.

Una ilustración

Déjeme ilustrar este punto, y quizás lo entienda mejor. Suponga que estoy muriendo de un cáncer que heredé de mi padre o mi madre. No me contagié la enfermedad por alguna falta mía o por negligencia con mi salud; supongamos que la heredé. Un amigo pasa por mi casa y entra y me ve.

– Moody, tienes cáncer –dice mi amigo.

– Eso lo sé bien –replico–. No necesito que nadie venga y me lo diga.

– Pero hay un remedio –anuncia.

– Pero yo no lo creo. Me he atendido con los mejores médicos del país y de Europa, y todos me dicen que no hay esperanza para mí.

– Tú me conoces, Moody; me conoces desde hace muchos años.

– Sí, es verdad.

– ¿Piensas que te diría una mentira?

– No.

– Bueno, hace diez años me había ido lejos –relata–. Yo tenía un diagnóstico de muerte, pero tomé este remedio y me curé. Estoy perfectamente sano, mírame.

– Digo que "este es un caso muy extraño".

– Sí, puede ser extraño –responde– pero es real. La medicina me curó: toma este remedio y te curará a ti también. Aunque a mí me costó mucho, a ti no te costará nada. No lo tomes livianamente, te lo ruego.

– Bueno –digo–, me gustaría creerte, pero es contrario a mi razón.

Al oír esto, mi amigo se va y regresa con otro amigo, el cual testifica lo mismo. Todavía me resisto a creer, así que se va y trae a otro amigo, y a otro y a otro más, todos ellos testifican lo mismo. Dicen que estaban tan mal como yo, que tomaron el mismo medicamento que me han ofrecido, y los ha curado. Mi amigo me alcanza el remedio, y yo lo arrojo al suelo. No creo en su poder curador, y muero.

La razón es que yo rechacé la solución. Así que si usted muere, no será por causa de la caída de Adán; será porque usted ha rechazado la medicina que se le ha ofrecido para salvarlo. Escoja las tinieblas antes que la luz. ¿Cómo escaparemos, entonces, si rechazamos una salvación tan grande? No hay esperanza para usted si rechaza el remedio. Mirar las heridas no mejora las cosas. Si hubiéramos estado en el campamento israelita y hubiéramos sido mordidos por una serpiente, mirar las heridas no hubiera mejorado la situación. Mirar la herida no salva a nadie. Lo que debe hacer es tomar el Remedio –mirar hacia Él– que tiene el poder para salvarlo de sus pecados.

Observe el campamento israelita, ¡mire la escena que se presenta delante de sus ojos! Muchos mueren porque rechazan el remedio que se les ofrece. En ese desierto árido hay varias tumbas, muchos niños han sido mordidos por las serpientes enfurecidas. Los padres y madres se llevan a sus hijos. Más allá están enterrando a una madre. Toda la familia llora alrededor del ser querido que se va. Se escuchan los lamentos, se ven las lágrimas de dolor. El padre es arrastrado hacia el lugar de su descanso final. Hay luto en todo el campamento. Las lágrimas brotan por los miles que han muerto; miles más mueren ahora, y la plaga corre de un extremo a otro del campamento.

Una historia de vida

Veo en una carpa una madre israelita que se inclina sobre su pequeño hijo que acababa de entrar en la plenitud de la vida. Seca el sudor que ha empañado su frente moribunda. En un momento sus ojos quedan fijos y vidriosos, porque la vida se escurre de él rápidamente. El corazón de su madre se rompe en mil pedazos. De golpe se oye un ruido en el campamento. Un grito se levanta. ¿Qué significa aquello? Ella se asoma a la puerta de la tienda:

– ¿Qué es ese ruido en el campamento? –le pregunta a los que pasan por allí. Y alguien dice:

– ¿Cómo, pobre mujer, no sabes las buenas noticias de lo que ha sucedido?

– No –dice ella–. ¡Buenas noticias! ¿Qué es eso?

– ¿Cómo no ha oído nada? Dios ha provisto un remedio.

– ¿Para los que han sido mordidos? Por favor, ¡cuénteme qué clase de remedio es!

– Bueno, Dios ha dado órdenes a Moisés que haga una serpiente de bronce y que la ponga en un mástil en medio del campamento, y ha declarado que cualquiera que mire hacia ella, vivirá. El grito que escuchas es el grito de la gente cuando ven la serpiente en alto.

*"Y Jehová dijo a Moisés: Hazte una serpiente
ardiente, y ponla sobre una asta; y cualquiera
que fuere mordido y mirare a ella, vivirá. Y
Moisés hizo una serpiente de bronce, y la puso*

*sobre una asta; y cuando alguna serpiente
mordía a alguno, miraba a la serpiente de
bronce, y vivía"* (Números 21:8-9).

La madre vuelve a la tienda y dice:

– Hijo, tengo buenas noticias para ti: ¡No vas a morir!
Mi hijo, mi hijo, he venido con buenas nuevas, ¡puedes
vivir!

Él se queda estupefacto, está tan débil que ni siquiera
puede asomarse a la puerta de la tienda. Ella pone su brazo
debajo del suyo para sostenerlo.

– Mira a lo lejos, allá en esa colina –dice la madre. Pero
el joven dice que no ve nada.

– No veo nada, madre, ¿qué es? –pregunta el muchacho.

– Sigue mirando y lo verás.

Al final tiene una vislumbre de la brillante serpiente y,
oh, ¡se pone bien! Y de la misma manera sucede con otros
convertidos. Algunos hombres dicen:

– Yo no creo en conversiones instantáneas.

¿Cuánto tiempo tardó la curación de ese joven? ¿Cuánto
tiempo llevó curar a los israelitas mordidos por las serpientes? Solo un abrir y cerrar de ojos, y se pusieron bien.

Ese muchacho hebreo es un joven convertido. Imagino que lo veo llamando a los demás para alabar a Dios juntos. Ve a otro joven mordido por una serpiente como él estaba, y corre a decirle lo mismo que le dijeron a él:

– No tienes que morir.

– Oh –el otro replica– no voy a vivir, es imposible. No hay médico en Israel que pueda curarme–. No sabe que no tiene por qué morir.

– ¿Pero no has oído las noticias? Dios ha provisto un remedio –le anuncia su amigo.

– ¿Qué remedio?

– Bueno, Dios le ha dicho a Moisés que levantara una serpiente de bronce sobre un palo, y ha dicho que ninguno de los que miren a ella morirán –explicó el optimista.

Puedo imaginarme al otro joven. Podría ser lo que hoy llamamos un intelectual. Le dice al joven convertido:

– ¿No esperas que voy a creer algo como eso, no es cierto? Si los médicos de Israel no pueden curarme, ¿cómo piensas que esa vieja serpiente de bronce podrá hacerlo?

– Porque yo estaba tan mal como tú –responde el convertido.

– ¡No digas eso!

– Es la verdad.

– Esta es la cosa más estúpida que he oído –dice el joven incrédulo–. Quisiera que me explicaras la filosofía de esto.

– Yo solo miré la serpiente; eso es todo. Mi madre me dijo lo que los reportes decían por todo el campamento; yo solo lo creí y ahora estoy perfectamente bien.

– Bueno, yo no creo que tú hayas estado tan gravemente enfermo como yo lo estoy.

– ¡Mira aquí! –el joven convertido se arremanga–. Esta marca muestra dónde fui mordido; y te digo que estaba peor de lo que te encuentras tú.

– Entonces ¿si yo entiendo la filosofía de esto puedo mirar y sanarme?

– Manda al tacho tu filosofía: <u>mira y vive</u> –lo animó el primero.

– Pero tú me pides que haga una cosa irrazonable. Si Dios hubiera dicho: "Toma el objeto de bronce y friégatelo por la herida", quizás sería porque habría algún elemento curativo en el metal. Pero simplemente no entiendo esto.

He visto a menudo gente que ha hablado de esa manera. Pero a pesar de todo, el joven convertido lleva a otro que ha sido también sanado a su tienda, y le pide que le cuente al incrédulo cómo ha sido sanado. El invitado le cuenta su historia y luego llama a otros que le dicen exactamente lo mismo.

El joven escéptico dice que es algo muy extraño.

– Si el Señor le hubiera dicho a Moisés que recogiera algunas hierbas, o raíces y que las hirvieran, y tomaran su producto como medicina, habría algo lógico en ello. Pero mirar a una serpiente de bronce es tan contrario a la naturaleza que no puedo hacerlo.

Para ese momento su madre, que había estado fuera del campamento, entra en la tienda y le dice:

– Hijo mío, tengo más buenas noticias para ti. He estado en el campamento, y vi cientos de personas que habían estado al borde de la muerte y ahora están perfectamente bien.

El joven razonador dice:

– Debería desear vivir; la muerte es un pensamiento muy doloroso. Quiero entrar en la tierra prometida, y sería terrible morir en el desierto; pero el hecho es que no entiendo el remedio. No entra en mi razón. No logro creer que puedo sanarme en un momento.

La historia termina: el joven muere como consecuencia de su propia incredulidad.

El remedio de Dios para el pecado

Dios proveyó un remedio para los israelitas mordidos por las serpientes: "Miren y vivirán". Y hay vida eterna para cada pobre pecador. Mire y puede ser salvo, mi querido lector, en esta misma hora. Dios ha provisto un remedio y lo ofrece a todos. El problema es que muchos continúan mirando al mástil. No miren al mástil; esa es la Iglesia. Usted no debe mirar a la Iglesia; la Iglesia está bien, pero ella no puede salvarlo. Mire más allá del mástil. Mire al que ha sido crucificado. Mire al Calvario. Tenga en cuenta, pecador, que Jesús murió por todos. No debe mirar a los ministros: ellos son solo instrumentos de Dios para acercarle el Remedio, para levantar a Cristo. Entonces, amigo, quite sus ojos de los hombres, quítelos de la Iglesia. Levántelos hacia Jesús, quien se llevó el pecado del mundo, y habrá vida para usted desde esta hora.

Gracias a Dios, no necesitamos educación para saber cómo mirar. Una niña pequeña, un muchachito de cuatro años de edad, que no saben leer ni escribir, pueden mirar. Cuando el padre vuelve a casa, la madre le dice al niño:

– ¡Mira, mira, mira!

Y el niño aprende a mirar antes de cumplir el año de edad. Y esa es la forma de ser salvos. Es mirar al

*"El Cordero de Dios, que quita el pecado del
mundo"* (Juan 1:29);

y habrá vida en el momento que cada uno esté dispuesto a mirar.

Cómo ser salvo

Algunos hombres dicen:

– Desearía saber cómo ser salvo.

Simplemente tome a Dios y su Palabra, y confíe en el Hijo en este mismo día –en esta misma hora– este mismo momento. Lo salvará si usted cree en Él. Imagino oír a alguien diciendo:

– No siento la picadura tanto como desearía sentirla. Sé que soy pecador y todo lo demás, pero no siento la picadura del pecado.

¿Cuánto cree que Dios quiere que la sienta?

Cuando estaba en Belfast conocí un médico que tenía un amigo, un cirujano reconocido allí, y él me contó que la costumbre del cirujano era que antes de llevar a cabo alguna operación, le decía al paciente:

– Déle una buena mirada a la herida, y luego míreme fijo a los ojos, y no los quite de mí hasta que yo haya acabado.

En el momento pensé que era una buena ilustración. Pecador: déle una buena mirada a su herida, y luego fije los ojos en Jesús, y no los quite de allí. Es mejor mirar al Remedio que a la enfermedad. Vea qué pobre y desdichado pecador usted es, y luego mire al *"Cordero de Dios, que quita el pecado del mundo"*. Él murió por los impíos y por los pecadores. Diga:

– ¡Lo recibo!

Y que Dios lo ayude a levantar sus ojos al Hombre que murió en el Calvario. Y como los israelitas miraban a la serpiente y eran sanados, usted también mirará a Él y vivirá.

El soldado agonizante

Luego de la batalla de Pittsburg Landing, yo estaba en un hospital en Murfreesboro. En medio de la noche me despertaron y me dijeron que un hombre en una de las alas del edificio quería verme. Fui a él y me llamó "capellán" –yo no era el capellán– y dijo que quería que le ayudara a morir.

– Yo lo tomaría en mis brazos y lo llevaría al Reino de Dios, si pudiera, pero no puedo hacerlo, no puedo ayudarlo a morir –le dije al pobre hombre.

– ¿Quién puede ayudarme? –preguntó.

– El Señor Jesucristo, Él vino con ese propósito –testifiqué.

– Él no puede salvarme, –dijo sacudiendo su cabeza– he pecado toda mi vida.

– Pero Él vino para salvar a los pecadores.

Pensé en su madre que estaba en el norte, y estaba seguro que ella estaba preocupada por saber que él moriría en paz; entonces decidí que me quedaría con él. Oré dos o tres veces y le repetí todas las promesas que me acordaba, porque era evidente que en unas pocas horas, partiría.

Le dije que quería leerle una conversación que Cristo tuvo con un hombre que estaba preocupado por su alma. Busqué el capítulo 3 de Juan. Sus ojos se posaron sobre mí, y cuando llegué al verso 14 y 15 –el pasaje ante nosotros– captó el significado de las palabras:

"Y como Moisés levantó la serpiente
en el desierto, así es necesario que el Hijo del
Hombre sea levantado, para que todo
aquel que en él cree, no se pierda,
mas tenga vida eterna".

Él me detuvo y me dijo:

– ¿Está eso allí?

Cuando le respondí afirmativamente, me pidió que se lo leyera de nuevo, y así lo hice. Dobló sus codos apoyándose sobre la cama, y cruzándose de brazos dijo:

– Eso es bueno; ¿puede volver a leerlo?

Lo leí por tercera vez, y proseguí hasta finalizar el capítulo. Cuando terminé, sus ojos estaban cerrados, sus manos juntas y había una sonrisa sobre su rostro. ¡Cómo se había iluminado! ¡Qué cambio! Vi sus labios murmurar algo temblorosos y, reclinándome sobre él le oí decir en un susurro casi imperceptible:

"Y como Moisés levantó la serpiente
en el desierto, así es necesario que el Hijo del
Hombre sea levantado, para que todo
aquel que en él cree, no se pierda, mas
tenga vida eterna".

Luego abrió sus ojos y dijo:

– Está bien, no lea más.

Estuvo unas horas más recitando en voz baja esos dos versículos, y entonces ascendió en una de las carrozas de Cristo a tomar su lugar en el Reino de Dios.

Cristo le dijo a Nicodemo:

"De cierto, de cierto te digo, que el que no

naciere de nuevo, no puede ver el reino de
Dios" (Juan 3:3).

Usted podrá ver muchos países, pero hay una sola
nación –la tierra de Beula, la cual John Bunyan vio en una
visión– que nunca contemplará, a menos que nazca de
nuevo, regenerado por Cristo. Usted podrá mirar a lo lejos
y ver muchos árboles hermosos, pero al árbol de la vida
nunca lo verá, a menos que sus ojos sean iluminados por
la fe en el Salvador. Podrá ver ríos cristalinos sobre la
Tierra –podrá navegar sobre su seno– pero sepa que nunca
descansará sobre el río que fluye desde el trono de Dios, a
menos que usted nazca de nuevo.

Lo ha dicho Dios, no el hombre. Nunca verá el reino
de Dios si no nace de nuevo. Podrá ver los reyes y señores
de la Tierra, pero al Rey de reyes y Señor de señores no lo
verá jamás, a menos que nazca de nuevo. Cuando esté en
Londres podrá ir a la Torre y ver la corona de Inglaterra,
que vale miles de dólares, y está custodiada por soldados,
pero tenga en cuenta que sus ojos nunca se posarán en la
corona de vida si no nace de nuevo.

Lo que se perderán los que no nazcan de nuevo

Usted podrá escuchar los cantos de Sion que se ento-
nan aquí, pero un cántico –el de Moisés y el Cordero– el
oído incircunciso nunca escuchará: su melodía solo ale-
grará los oídos de aquellos que han nacido de nuevo.

Usted podrá mirar las preciosas mansiones de los ricos aquí en la Tierra, pero sepa que esas mansiones que Cristo ha ido a preparar nunca las verá, a menos que nazca de nuevo. Es Dios quien lo dice. Usted podrá ver diez mil cosas bellas en este mundo, pero la ciudad de la cual Abraham tuvo una vislumbre –y desde aquel momento se convirtió en un extranjero y peregrino– nunca la verá, a menos que nazca de nuevo (ver Hebreos 11:8, 10-16).

Quizás algunas veces lo inviten a banquetes y bodas aquí, pero nunca asistirá a la cena de las bodas del Cordero, si no nace de nuevo. Es Dios quien lo dice, querido amigo. Usted podrá mirar el rostro de su santa madre esta noche, y sentir que ella ora por usted, pero llegará el tiempo en que ya nunca más la verá, excepto que nazca de nuevo.

La promesa a una madre

El lector puede ser un hombre joven, o una mujer joven que ha estado recientemente parado al lado del lecho de una madre moribunda, y ella puede haberle dicho:

– Entrégate a Cristo y encuéntrame en el cielo.

Y usted le hizo esa promesa. ¡Ah! Le digo que nunca más la verá, excepto que nazca de nuevo. Padres, si desean ver a sus hijos que han partido antes que ustedes, deben nacer del Espíritu. Posiblemente usted sea un padre o una madre que haya enterrado recientemente a un ser amado, y ¡qué sombrío parece el hogar! Nunca más verá a su hijo, a menos que nazca de nuevo. Si desea reunirse con aquellos que ama, usted debe nacer de nuevo.

Todos tenemos a alguien allí. Hace más de dos mil años Jesús cruzó la línea, y desde el cielo Él lo llama. Demos nuestras espaldas al mundo. Hagamos oídos sordos a lo que el mundo dice. Entonces un día veremos al Rey en su belleza, y nunca más saldremos de allí.

3

Las dos clases

**"Dos hombres subieron al templo a
orar" (Lucas 18:10).**

hora quiero referirme a las dos clases de personas
descritas en esta parábola:

Primero: aquellos que no sienten que tienen necesidad
de un salvador, quienes no han sido convencidos de pecado por el Espíritu Santo.

Segundo: aquellos que están convencidos de su pecado
y claman: *"¿Qué debo hacer para ser salvo?"* (Hechos 16:30).

Todos los que se hacen esta pregunta alguna vez, pueden ser clasificados en dos categorías: o tienen el espíritu del fariseo o el espíritu del publicano.

Si un hombre que tiene el espíritu del fariseo viene a mí luego de una reunión, no conozco otra porción mejor para él que Romanos 3:10-11:

"Como está escrito: No hay justo,
ni aun uno; no hay quien entienda, no hay
quien busque a Dios".

Pablo habla aquí del hombre natural:

"Todos se desviaron, a una se hicieron
inútiles; no hay quien haga lo bueno, no hay ni
siquiera uno".

Y en los versículos 17-19 dice:

"Y no conocieron camino de paz. No hay temor
de Dios delante de sus ojos. Pero sabemos que
todo lo que la ley dice, lo dice a los que están
bajo la ley, para que toda boca se cierre y todo
el mundo quede bajo el juicio de Dios".

¿Quién ha pecado?

Ahora observe lo que dicen los versículos 22 y 23:

*"Porque no hay diferencia, por
cuanto todos pecaron, y están destituidos de la
gloria de Dios".*

No una parte de la raza humana –sino toda– ha pecado y está privada de la gloria de Dios. Otro versículo que uso bastante para convencer a las personas de su pecado, es el de 1 Juan 1:8:

*"Si decimos que no tenemos pecado, nos
engañamos a nosotros mismos, y la verdad
no está en nosotros".*

Me acuerdo que en una ocasión estábamos celebrando reuniones en una ciudad de cuarenta mil habitantes en el este del país, y una dama vino y me pidió que orara por su marido, al que ella quería traer a la reunión. Para esa altura, yo ya había viajado mucho y había conocido a muchos hombres con actitud farisaica, pero este hombre estaba tan revestido de justicia propia, que usted no hallaba en él ni una pizca de convicción de pecado.

Le dije a la esposa:

– Estoy muy alegre de ver su fe, pero es muy difícil llegar a él: es el hombre con más alto sentido de justicia propia que jamás haya visto.

Ella respondió:

– Haga todos los intentos posibles. Mi corazón se quebraría si estas reuniones terminaran sin lograr su conversión.

Ella persistió en traerlo, pero yo me fastidiaba con solo verlo.

Oración bajo convicción

Pero hacia el final de nuestras reuniones de treinta días, él se acercó a mí y puso una mano temblorosa sobre mi hombro. El lugar donde se llevaban a cabo las reuniones era bastante frío, y había una sala contigua en donde solo una estufa estaba prendida. Él me dijo:

¿Puede venir conmigo unos minutos?

Yo pensé que estaba temblando de frío, y no tenía ningún deseo de ir hacia ese lugar más frío aún. Pero el hombre dijo:

– Soy el peor hombre en todo el estado de Vermont. Quiero que ore por mí.

Pensé que había cometido un asesinato o algún otro horrendo crimen, y le pregunté:

– ¿Hay algún pecado en particular que le preocupa?

Él respondió:

– Toda mi vida ha sido un pecado. He sido un engreído, un fariseo. Quisiera que ore por mí.

Estaba bajo una profunda convicción. El hombre no puede producir una convicción tan profunda, solo el Espíritu Santo pudo hacerlo. Como a las dos de la mañana una luz se encendió en su alma, y él descendió por las calles del distrito comercial de la ciudad y les dijo a todos lo que Dios había hecho por él; ha sido uno de los cristianos más activos desde ese momento.

Hay otros cuatro pasajes que tienen que ver con el tema, y que fueron usados por Cristo mismo.

En Lucas 13:3 leemos:

> *"No; antes si no os arrepentís, todos*
> *pereceréis igualmente".*

En Mateo 18:3, cuando los discípulos vinieron a Jesús para saber quién era el mayor en el Reino de los cielos, leemos que el maestro tomó un niño pequeño, lo puso en medio de todos, y dijo:

> *"De cierto os digo, que si no os volvéis*
> *y os hacéis como niños, no entraréis en el reino*
> *de los cielos".*

Hay también otro importante "si" en Mateo 5:20:

*"Porque os digo que si vuestra justicia no fuere
mayor que la de los escribas y fariseos, no
entraréis en el reino de los cielos".*

El hombre debe encontrarse consigo mismo antes de
desear entrar el Reino de los cielos. Yo preferiría entrar al
Reino con el menor, que quedarme afuera con el mayor. El
cielo se convertirá en infierno para aquellos. Un hermano
mayor que no puede regocijarse con el menor que vuelve
a casa, no será apto para el Reino. Es algo serio, pero el
telón cae y deja al mayor afuera y al menor adentro. El lenguaje del Salvador es apropiado:

*"De cierto os digo, que los publicanos y las
rameras van delante de vosotros al reino de
Dios"* (Mateo 21:31).

Defender al hermano mayor

Una dama una vez vino a mí y quería que orara por su
hija. Me dijo:

– Pero debe recordar que no simpatizo con su doctrina.

Le pregunté:

– ¿Cuál es el problema?

Y ella contestó:

– Creo que su posición con el hermano mayor –el del hijo pródigo– fue horrible. Pienso que él es un personaje muy noble.

Le respondí que estaba dispuesto a escuchar su defensa, pero que era algo serio tomar esa posición y que el hermano mayor necesitaba convertirse tanto como el menor necesitaba hacerlo.

Pero pasemos ahora a la otra clase de personas que quiero describir. Se compone de aquellos que están convencidos de pecado y que claman como el carcelero filipense, (Hechos 16:30):

– *¿Qué debo hacer para ser salvo?*

A aquellos que expresan este clamor penitencial, no hay necesidad de administrarles la ley. Es bueno llevarlos directamente a Las Escrituras:

> *"Cree en el señor Jesucristo y serás salvo"*
> (Hechos 16:31).

Muchos lo enfrentarán con el ceño fruncido y le dirán:

– No sé lo que es creer.

Y aunque es la ley del cielo que para ser salvos debemos creer, preguntan algo más que eso. Debemos decirle qué, dónde, y cómo creer. En Juan 3:35-36 leemos:

"El Padre ama al Hijo, y todas las cosas ha entre-
gado en su mano. El que cree en el Hijo tiene vida
eterna; pero el que rehúsa creer en el Hijo no verá
la vida, sino que la ira de Dios está sobre él."

Ahora sí tiene sentido

El hombre perdió la vida por la incredulidad –por no creer en La Palabra de Dios–, y obtenemos la vida nueva-mente por creer, por poner La Palabra de Dios por obra. Dicho de otra manera, nos levantamos desde donde Adán cayó. Él tropezó y cayó sobre la roca de la incredulidad, y nosotros somos levantados y puestos de pie por el creer. Cuando la gente dice que no pueden creer, muéstreles este versículo y anímelos diciéndoles:

– ¿Dios ha roto alguna vez en estos seis mil años sus promesas?

El diablo y el hombre han tratado todo el tiempo de demostrar que sí, pero han fallado, porque Dios no ha roto ni una sola de sus promesas; habría una fiesta hoy mismo en el infierno si una de sus palabras pudiera ser quebran-tada. Si un hombre dice que no puede creer, es bueno empujarlo con este desafío: puedo creer más en Dios que en mi propio corazón.

"Engañoso es el corazón más que todas las
cosas, y perverso; ¿quién lo conocerá?"
(Jeremías 17:9).

Puedo creer más en Dios que en mí mismo. Si quiere conocer la senda de la vida, crea que Jesucristo es un Salvador personal, apártese de doctrinas y credos, y venga directo al corazón del Hijo de Dios. Si se ha estado alimentando de doctrinas, no hay mucho crecimiento en esa clase de comida. Las doctrinas son para el alma lo que las calles que conducen a la casa de un amigo que me ha invitado a comer, son para el caminante. Me llevarán allá si escojo la correcta, pero si permanezco en la calle mi hambre nunca será satisfecha. Alimentarse de doctrinas es como tratar de vivir de migajas secas y magras, en vez de alimentarse del Pan de Vida que está a disposición de todos. Algunos preguntan:

– ¿Cómo puedo ablandar mi corazón?

Puedo ablandarlo si creo. No tendrá poder para amar y servir a Dios, hasta que no crea en Él. El apóstol Juan dice:

"Si recibimos el testimonio de los hombres, mayor es el testimonio de Dios; porque este es el testimonio con que Dios ha testificado acerca de su Hijo. El que cree en el Hijo de Dios, tiene el testimonio en sí mismo; el que no cree a Dios, le ha hecho mentiroso, porque no ha creído en el testimonio que Dios ha dado acerca de su Hijo. Y este es el testimonio: que Dios nos ha dado vida eterna; y esta vida está en su Hijo. El que tiene al Hijo, tiene la vida; el que no tiene al Hijo de Dios no tiene la vida" (1 Juan 5:9-12).

El valor del testimonio de los hombres

Los asuntos de los hombres se detendrían si no tomáramos en cuenta el testimonio de los hombres. ¿Cómo podríamos meternos en el curso ordinario de la vida, y cómo interferiría el comercio si no tuviéramos en cuenta el testimonio de los hombres? ¡Los asuntos en materia de lo social y comercial quedarían en punto muerto dentro de las próximas cuarenta y ocho horas! Este es el significado de los argumentos del apóstol aquí: *"Si recibimos el testimonio de los hombres, mayor es el testimonio de Dios"* (1 Juan 5:9). Dios ha puesto testigos a la obra de Cristo, y si un hombre puede creer en otros hombres –que con frecuencia mienten y que están constantemente siendo infieles– ¿por qué no hemos de creer en Dios y en el testimonio de su Palabra?

La fe es creer en un testimonio. No es un paso en el vacío, como algunos dicen. Eso no sería fe en absoluto. Dios no le pide a ningún hombre que crea sin darle algo en qué creer. Pedirle a alguien que crea sin darle en qué creer, es como pedirle a alguien que vea sin ojos, que oiga sin tener oídos o que camine faltándole los pies.

Cuando viajé por California me tracé un itinerario con ayuda de un mapa. Él me mostró que después de salir del Estado de Illinois, cruzaría Mississippi, y luego Missouri, entraría en Nebraska y pasaría por las Montañas Rocallosas hasta llegar al asentamiento Mormón, en Salt Lake City, y continuaría por el camino de Sierra Nevada hacia San Francisco. El plano me sirvió mucho en mi viaje, pero hubiera sido un necio si, habiendo probado que estaba correcto durante las tres cuartas partes de mi viaje, hubiera dicho que no creía en él para el resto de la marcha.

Suponga que un hombre, al indicarme dónde queda la oficina de correo, me da diez pistas; al probar yo que nueve de ellas son correctas tal como me dijo, tengo buenas razones para creer que llegaré al correo.

Y si, creyendo, obtengo una nueva vida, esperanza, paz, gozo y descanso para mi alma, que nunca tuve antes, si logro control sobre mí mismo, y hallo que tengo un poder para resistir la maldad y para hacer lo bueno, tengo suficientes pruebas de que estoy en buen camino hacia *"la ciudad que tiene fundamentos, cuyo arquitecto y constructor es Dios"* (Hebreos 11:10).

Y si tal como está en La Palabra de Dios, las cosas han sucedido y están sucediendo, tengo una buena razón para llegar a la conclusión de que lo que resta será cumplido. Y aún así la gente continúa dudando. No puede haber verdadera fe cuando hay temor. La fe es tomar a Dios y a su Palabra incondicionalmente. No puede haber verdadera paz si hay temor: *"El perfecto amor echa fuera el temor"* (1 Juan 4:18). ¡Qué preocupada estaría una esposa si dudara de la fidelidad de su marido! ¡Y que desdichada sería la madre que sospechara que su hijo se va de la casa porque no la ama! El verdadero amor nunca duda.

Conocimiento, asentimiento, apropiación

Hay tres cosas indispensables para la fe: el conocimiento, el asentimiento y la apropiación.

Debemos conocer a Dios:

> *"Y esta es la vida eterna: que te conozcan a ti,*
> *el único Dios verdadero, y a Jesucristo, a quien*
> *has enviado"* (Juan 17:3).

Luego, no solo debemos dar el consentimiento a lo que conocemos o sabemos; debemos apropiarnos de esa verdad. Si un hombre simplemente acepta el plan de salvación, eso no lo salvará. Deberá recibir a Cristo como su Salvador. Debe recibirlo y apropiárselo.

Algunos dicen que no pueden predecir cómo la vida de un hombre puede cambiar según su creencia. Pero deje que alguien grite que el edificio en donde se encuentran se está incendiando, y verá cómo actuará de inmediato en respuesta a lo que cree. Todo el tiempo somos influenciados por lo que creemos, no podemos evitarlo. Y deje que un hombre crea en Jesucristo: pronto afectará su vida entera.

Tome Juan 5:24: ¡hay tanta verdad en ese solo versículo para que toda alma descanse sobre él para salvación! No admite sombra de duda:

> *"De cierto, de cierto* [que significa de verdad,
> de verdad] *os digo: El que oye mi palabra, y
> cree al que me envió, tiene* [tiene] *vida eterna;
> y no vendrá a condenación, mas ha pasado de
> muerte a vida".*

Si una persona realmente oye la palabra de Jesús y cree
con su corazón que Dios envió a su Hijo para ser el
Salvador del mundo, y se apropia de esta salvación tan
grande, no hay temor de condenación en él. No esperará
con temor el día del gran trono blanco, como dice en 1
Juan 4:17:

> *"En esto se ha perfeccionado el amor en
> nosotros, para que tengamos confianza en el
> día del juicio; pues como él es, así somos
> nosotros en este mundo".*

Si creemos, no hay condenación para nosotros, no hay
juicio. Eso quedó atrás, lo hemos pasado, y hemos de tener
confianza en el día del juicio.

Tenía el perdón en el bolsillo

Recuerdo haber oído acerca de un hombre que estaba
en un juicio por su propia vida. Tenía amigos influyentes
que procuraron el perdón delante del rey, con la condición
de que él pasara por el juicio y fuera condenado. El hombre fue a la corte con el papel del perdón firmado por el
rey en el bolsillo. La opinión pública estaba en contra de

él, y el juez decía que el tribunal estaba asombrado de cuán impávido se veía el acusado. Cuando la sentencia fue pronunciada, él sacó del bolsillo la declaración del rey, la presentó… y salió caminando como hombre libre. Había sido perdonado; y nosotros también lo hemos sido.

Entonces, que venga la muerte, no tenemos nada que temer. Todos los sepultureros en el mundo no podrán cavar una tumba lo suficientemente grande para contener la vida eterna; todos los que fabrican ataúdes en el mundo no podrán hacer un ataúd lo suficientemente grande como para contener la vida eterna. La muerte puso sus manos sobre Jesús una vez, pero nunca más. Jesús dijo:

> *"Yo soy la resurrección y la vida; el que cree en*
> *mí, aunque esté muerto, vivirá. Y todo aquel*
> *que vive y cree en mí, no morirá eternamente"*
> (Juan 11:25-26).

Y en el libro de Apocalipsis leemos que el Salvador resucitado le dijo a Juan:

> *"[Yo soy] el que vivo, y estuve muerto; mas he*
> *aquí que vivo por los siglos de los siglos"*
> (1:18).

La muerte no lo puede tocar nunca más. Obtenemos la vida por fe. De hecho, obtenemos más de lo que Adán perdió; porque el Hijo redimido de Dios es heredero a una mayor y más gloriosa herencia que la que Adán pudo jamás haber concebido en el paraíso. Sí, y esa herencia permanece para siempre, es inalienable.

Prefiero tener mi vida escondida en Cristo, que haber vivido en el paraíso, porque Adán podría haber caído en pecado después de estar allí diez mil años. Así que el creyente está más seguro, si es que cree que estas cosas son reales para él. Hagamos de ellas un hecho, no una posibilidad. Dios lo ha dicho, y eso es suficiente. Confiemos en Él, aunque no podamos verlo. Que tengamos la misma confianza que tuvo Maggie, como se cuenta en el siguiente relato, simple pero emocionante, que leí en la *Biblia del Tesoro*.

La historia de Maggie

"Había estado ausente de mi casa por algunos días, y me estaba preguntando, mientras regresaba de camino al hogar, si mi pequeña Maggie, que recién aprendía a sentarse sola, me recordaría. Para probar su memoria, me escondí en un lugar desde donde ella no podía verme, y comencé a llamarla por su nombre en un tomo familiar: `Maggie´. Ella dejó sus juguetes, miró por todo el cuarto, y luego volvió la vista a sus muñecos nuevamente. Yo volví a llamarla por su nombre: `Maggie´, cuando una vez más examinó el cuarto, pero al no ver el rostro de su padre, se puso muy triste y lentamente abandonó el juego. Una vez más dije su nombre cuando, dejando caer sus juguetes y rompiendo en llanto, estiró sus brazos hacia el lugar de donde la voz procedía, sabiendo que, a pesar de no ver nada, su padre debía estar allí porque ella conocía su voz."

Nosotros tenemos el poder de ver y de oír, y también tenemos poder para creer. Es una tontería que los escépticos se metan en terrenos en que no pueden creer. Podrían, si quisieran. Pero el problema es que la mayoría de la gente ha conectado el <u>sentir</u> con el <u>creer</u>. Ahora, sentir no tiene nada que ver con creer. La Biblia no dice que "aquel que sienta" o "aquel que crea y sienta" tendrá vida eterna. Nada que ver. Yo no puedo controlar mis sentimientos. Si pudiera, nunca me sentiría mal, o nunca tendría dolores de cabeza ni de muelas. Estaría bien todo el tiempo. Pero puedo creer en Dios, y si pongo mis pies sobre esa Roca, aunque vengan vientos y tormentas, y se levanten olas, el ancla me mantendrá firme.

La verdadera clase de fe

Algunos están todo el tiempo mirando su fe. "Fe es la mano que toma la bendición." Escuché esta ilustración de labios de un mendigo. Suponga que usted se encuentra con un hombre que conoce desde hace muchos años, porque él siempre está pidiendo en la calle. Usted le ofrece algo de dinero, y él le dice:

– Gracias, pero no necesito su dinero: no soy un mendigo.

– ¿Cómo es eso?

– Anoche un hombre puso mil dólares en mi mano.

– ¿En serio? ¿Cómo sabe usted que no es dinero falso?

Le pedí limosna, y luego de que el caballero habló conmigo, metió su mano en el bolsillo y sacó mil dólares... y me los puso en una de mis manos.

– ¿Cómo sabe que los puso en la mano correcta?

– ¿Qué me importa en cuál mano? Lo importante es que me dio el dinero.

Mucha gente está siempre pensando si la fe que los hace apropiarse de Cristo es la clase de fe verdadera; pero lo más importante es que tenemos la clase de fe verdadera de Cristo.

La fe es el ojo del alma. ¿Quién en su sano juicio se quitaría un ojo para ver si es de la clase verdadera, mientras que la vista sea perfecta? No es el sentido del gusto, sino lo que como lo que satisface mi apetito. Así que, queridos amigos, la manera de hallar la salvación es creerle a Dios y a su Palabra. La verdad no puede ser más simple.

Había un hombre que vivía en la ciudad de Nueva York, que tenía una casa en la orilla del río Hudson. Su hija y toda la familia de ella fueron a pasar el invierno con él, y en el transcurso de esos días hubo un brote de escarlatina. Una de las niñas fue puesta en cuarentena, para separarla del resto. Cada mañana el abuelo solía ir a saludar a la pequeña antes de irse a trabajar.

En una de esas ocasiones la pequeña tomó a su abuelo por la mano y, llevándolo hacia una esquina de la habitación sin decir una palabra, le señaló hacia el suelo, donde había tomado algunos bloques con letras y había formado la siguiente frase: "Abuelo, quiero una caja de lápices de colores".

Él no dijo nada. A su regreso se quitó el abrigo y fue directo a la habitación de la niña, como de costumbre. La pequeña, sin mirar si su deseo había sido cumplido o no, lo llevó hacia la misma esquina, donde con los mismos bloques había escrito esta vez: "Abuelo, gracias por la caja de colores". El anciano no se hubiera perdido de gratificarla por nada del mundo. Aquello era fe.

Fe es creer en Dios según su Palabra, y aquellas personas que quieren ver demostraciones, siempre se meten en problemas. Quiero llegar a este punto: <u>Dios lo dice, debemos creerle</u>.

Pero algunos dicen: "La fe es un don de Dios". También lo es el aire, y usted lo respira. También lo es el pan, y usted lo come. También lo es el agua, y usted la bebe. Algunos esperan una clase de sentimiento especial. Eso no es fe.

> *"Así que la fe es por el oír, y el oír, por la palabra de Dios"* (Romanos 10:17).

De allí es de donde proviene la fe. No es para que yo me siente y espere a que me venga la fe con una extraña sensación, sino para que crea a La Palabra de Dios. Y usted no puede creer, a menos que tenga algo en qué creer. Así que tome La Palabra tal como está escrita, y aprópiesela.

En Juan 6:47-48 leemos:

"De cierto, de cierto os digo: El que cree en mí,
tiene vida eterna. Yo soy el pan de vida".

El pan está al alcance de la mano, compartámoslo. Puedo tener cientos de panes en mi casa, y cientos de personas hambrientas allá afuera. Ellos pueden asentir al hecho de que creen que el pan está allí; pero a menos que cada uno tome un pan y comience a comerlo, su hambre no será satisfecha. Entonces Cristo es el pan del cielo, y del mismo modo en que el cuerpo se alimenta de comida natural, el alma se alimenta de Cristo.

La fe ilustrada

Si un hombre que se está ahogando ve una soga en el agua, que ha sido arrojada para salvarlo, debe aferrarse a ella. Para poder hacerlo, debe soltar todo lo que tenga en sus manos. Si un hombre está enfermo, debe tomar la medicina, simplemente con mirarla no va a sanarse. El conocimiento de Cristo no ayudará al que hace preguntas, a menos que crea en Él y se apropie de Él como su única esperanza. Los israelitas mordidos deben haber creído que la serpiente de bronce estaba allí levantada, pero si no la miraban la muerte no cesaba.

"Y Jehová envió entre el pueblo serpientes
ardientes, que mordían al pueblo; y murió
mucho pueblo de Israel. Entonces el pueblo
vino a Moisés y dijo: Hemos pecado por haber
hablado contra Jehová, y contra ti; ruega a
Jehová que quite de nosotros estas serpientes. Y
Moisés oró por el pueblo. Y Jehová dijo a
Moisés: Hazte una serpiente ardiente, y ponla
sobre una asta; y cualquiera que fuere mordido
y mirare a ella, vivirá. Y Moisés hizo una
serpiente de bronce, y la puso sobre una asta;
y cuando alguna serpiente mordía a alguno,
miraba a la serpiente de bronce, y vivía"
(Números 21:6-9).

Creo que una flota de buques me llevará a cruzar el océano, porque lo he probado; pero este conocimiento no ayudará a aquel que quiera ir, a menos que actúe sobre mi conocimiento. Entonces un conocimiento de Cristo no ayuda en nada, a menos que actuemos consecuentemente con él. De eso se trata creer en el Señor Jesucristo. Es actuar en base a lo que creemos. Como un hombre se sube a bordo de un buque para cruzar el Atlántico, así debemos tomar a Cristo y hacer un compromiso de nuestra alma con Él. Él ha prometido guardar a todo el que pone su esperanza en Él. Creer en el Señor Jesucristo es simplemente creer lo que dice su Palabra.

4

Palabras de consejo

"No quebrará la caña cascada" (Isaías
42:3; Mateo 12:20).

Para aquellos que buscan la salvación es peligroso
descansar sobre las experiencias que otros han tenido. Muchos esperan la repetición de lo que les ha
sucedido a su abuelo o a su abuela. Tenía un amigo que se
convirtió al Señor en un campo, y pensaba que toda la
comunidad debía descender a esa pradera y convertirse.

Otro se convirtió debajo de un puente, y creía que todos los que buscan al Señor debían ir debajo de ese puente para hallarlo. Lo mejor para los ansiosos es ir directamente a La Palabra de Dios. Si hay alguien en el mundo para quien La Palabra es preciosa, es para aquellos que siempre están preguntando cómo serán salvos.

Excusas dadas

Por ejemplo, un hombre puede decir:

– No tengo fuerzas.

Hagan que lea Romanos 5:6:

> *"Porque Cristo, cuando aún éramos débiles, a*
> *su tiempo murió por los impíos".*

Es justamente porque no tenemos a Cristo que nos faltan las fuerzas. Él ha venido para darle fuerzas a los débiles.

Otro hombre podría decir:

– No puedo ver.

Cristo dice:

> *"Yo soy la luz del mundo"*
> (Juan 8:12).

Él vino no solo para dar luz, sino también:

"Para que abras los ojos de los ciegos"
(Isaías 42:7).

Otro más puede decir:

– No creo que un hombre pueda ser salvo sin dar nada a cambio.

Una persona que tenía ese punto de vista vino a la consejería una noche y yo lo dirigí a Romanos 6:23:

"Porque la paga del pecado es muerte, mas la
dádiva de Dios es vida eterna en Cristo Jesús
Señor nuestro".

¿Cuánto tiempo lleva aceptar un regalo? Debe haber un momento en donde usted no lo tiene, y otro en donde ya lo tiene; un momento en donde es de otro, y al momento siguiente es suyo. No lleva seis meses obtener la vida eterna. Sin embargo, en algunos casos puede ser igual a la semilla de mostaza, muy pequeña al comienzo. Algunas personas se convierten tan gradualmente que, al igual que la luz de la aurora, es imposible distinguir cuándo comenzó el amanecer. Con otros, es como el resplandor de un meteoro, y la verdad estalla sobre ellos repentinamente.

Puede ser que un niño sea criado tan cuidadosamente que es imposible decir cuándo comenzó el nuevo nacimiento; pero ciertamente debe haber un momento cuando el cambio tiene lugar, y cuando se convirtió en cómplice de la naturaleza divina.

Conversiones instantáneas

Algunos no creen en las conversiones instantáneas. Pero me atrevo a desafiarlos diciéndoles que me muestren una conversión del Nuevo Testamento que no haya sido instantánea.

"Pasando Jesús de allí, vio a un hombre llamado Mateo, que estaba sentado al banco de los tributos públicos, y le dijo: Sígueme. Y se levantó y le siguió" (Mateo 9:9).

Nada puede ser más súbito que eso.

Zaqueo, el publicano, buscaba ver a Jesús; y por causa de su pequeña estatura se subió a un árbol. Cuando Jesús pasó por el lugar, miró hacia arriba y lo vio, y le dijo:

"Zaqueo, date prisa, desciende" (Lucas 19:5).

Su conversión debe haber sucedido en algún lugar entre la rama y el suelo. Se nos dice que recibió gozoso a Jesús, y dijo:

"He aquí, Señor, la mitad de mis bienes doy a los pobres; y si en algo he defraudado a alguno, se lo devuelvo cuadruplicado" (Lucas 19:8).

Muy pocos hoy pueden decir lo mismo como prueba de su conversión.

La casa de Cornelio completa fue convertida de repente; porque cuando Pedro les predicó de Cristo, él y los demás recibieron el Espíritu Santo y fueron bautizados (Hechos 10).

En el día de Pentecostés tres mil personas recibieron alegremente La Palabra. No solo se convirtieron, sino que se bautizaron ese mismo día (Hechos 2).

Y cuando Felipe le habló al eunuco, mientras iban de camino, el eunuco le dijo a Felipe:

"Aquí hay agua; ¿qué impide que yo sea bautizado?"

Nada lo impedía. Y Felipe le respondió:

"Si crees de todo corazón, bien puedes (…) y
descendieron ambos al agua, Felipe y el
eunuco, y le bautizó" (Hechos 8:26-38).

Usted verá a lo largo de toda La Biblia que las conversiones eran instantáneas.

Un hombre ha tenido el hábito de robar dinero de su jefe. Suponga que ha tomado mil dólares en doce meses, ¿le diremos que saque quinientos dólares el año próximo, y menos al año siguiente, y el próximo, hasta que en cinco años termine sacando solo cincuenta? Eso sería hacerlo siguiendo el mismo principio que el de la conversión gradual.

Si tal persona fuese traída ante la corte y perdonada porque no puede cambiar su modo de vida de repente, eso sería considerado un procedimiento muy extraño.

Cómo dejar de robar

Pero La Biblia dice:

"El que hurtaba, no hurte más"
(Efesios 4:28).

¡Está bien claro! Supongamos que una persona tiene el hábito de insultar cien veces al día, ¿le aconsejaremos que no diga más de noventa y nueve malas palabras el día siguiente, y ochenta el próximo, entonces en el transcurso de los días se deshará del hábito?

La Palabra de Dios nos ordena que no maldigamos:

*"Pero ningún hombre puede domar la lengua,
que es un mal que no puede ser refrenado,
llena de veneno mortal. Con ella bendecimos
al Dios y Padre, y con ella maldecimos a los
hombres, que están hechos a la semejanza de
Dios. De una misma boca proceden bendición
y maldición. Hermanos míos, esto no debe ser
así"* (Santiago 3:8-10).

Supongamos que a otro hombre le gusta emborracharse y golpear a su esposa dos veces al mes. Si él lo hiciera solo una vez al mes, y luego una vez cada seis meses, eso sería, sobre las mismas bases que la conversión gradual, bastante razonable.

Supongamos que Ananías hubiera sido enviado a Pablo cuando estaba de camino a Damasco, respirando amenazas de muerte en contra de los discípulos y echándolos en prisión, para decirle que no matase a tantos cristianos como tenía pensado hacer, y permitiera que sus enemigos fueran muriendo de a uno, no todos juntos. Supongamos que Ananías le dijera que no deje de respirar amenazas de muerte contra los discípulos y no comience a predicar de golpe, porque los filósofos iban a decir que el cambio había sido tan repentino que no podía durar mucho. Eso sería usando el mismo razonamiento que sostienen los que no creen en la conversión instantánea.

Temerosos de que no puedan durar

Luego hay otra categoría de gente que dice que temen no poder permanecer. Esta es una clase muy numerosa y esperanzada. Me gusta ver a un hombre que desconfía de sí mismo. Es algo positivo tener esa clase de pensamiento que mira a Dios y recuerda que no es él quien sostiene a Dios, sino Dios quien lo sostiene a él. Algunos quieren agarrarse de Cristo, pero el punto es dejarse agarrar por Él en respuesta a la oración. Leamos el Salmo 121:

"Alzaré mis ojos a los montes ¿de dónde
vendrá mi socorro? Mi socorro viene de Jehová,
que hizo los cielos y la tierra. No dará tu pie
al resbaladero, ni se dormirá el que te guarda.
He aquí, no se adormecerá ni dormirá el que
guarda a Israel. Jehová es tu guardador;
Jehová es tu sombra a tu mano derecha. El sol
no te fatigará de día, ni la luna de noche.
Jehová te guardará de todo mal; Él guardará
tu alma. Jehová guardará tu salida y tu
entrada desde ahora y para siempre".

Algunos lo llaman el salmo del viajero. Es un salmo
precioso para aquellos que son peregrinos en este mundo,
y con el que debemos familiarizarnos.

Dios puede hacer lo que ha hecho antes. Guardó a José
en Egipto, a Moisés ante Faraón, a Daniel en Babilonia, y
capacitó a Elías para estar en pie ante Acab en aquella hora
oscura. Me alegro de que estos que mencioné hayan sido
hombres de pasiones similares a las nuestras. Fue Dios el
que los engrandeció. Lo que el hombre debe hacer es
mirarlo a Él. La verdadera fe es la debilidad del hombre
descansando sobre las fuerzas de Dios. Cuando el hombre
no tiene fuerzas, si descansa en Dios se vuelve poderoso.
El problema es que a veces tenemos demasiadas fuerzas y
confianza en nosotros mismos.

En Hebreos 6:17-20 leemos:

*"Por lo cual, queriendo Dios mostrar más
abundantemente a los herederos de la promesa la
inmutabilidad de su consejo, interpuso juramento;
para que por dos cosas inmutables, en las cuales
es imposible que Dios mienta, tengamos un
fortísimo consuelo los que hemos acudido para
asirnos de la esperanza puesta delante de
nosotros. La cual tenemos como segura y firme
ancla del alma, y que penetra hasta dentro del
velo, donde Jesús entró por nosotros como
precursor, hecho sumo sacerdote para siempre
según el orden de Melquisedec".*

Temor de "no aguantar"

Estos preciosos versículos son para aquellos que tienen
temor de caer, que creen que no podrán aguantar. Es la
tarea de Dios sostenernos. Es la tarea del pastor cuidar a la
oveja. ¿Quién oyó alguna vez que la oveja vaya a buscar al
pastor? Algunos tienen la idea de que se tienen que cuidar
a sí mismos y también a Dios. Es un concepto falso. Es la
tarea del Pastor cuidar a aquellos que confían en Él. Y ha
prometido hacerlo así. Una vez escuché que cuando un
capitán de un barco estaba muriendo, dijo:

– Gloria a Dios, el ancla aguanta.

Él confiaba en Cristo. Su ancla estaba bien agarrada en
la Roca sólida. Un irlandés en una ocasión dijo que "él tem-
blaba, pero la Roca nunca". En 2 Timoteo 1:12, Pablo dice:

> *"Yo sé a quién he creído, y estoy*
> *seguro que es poderoso para guardar mi*
> *depósito para aquel día".*

Pablo estaba persuadido de lo que creía.

Durante la última guerra de la rebelión, uno de los capellanes que visitaba los hospitales se encontró con un hombre que estaba muriendo. Sabiendo que era cristiano, le preguntó de qué confesión era, y el hombre le contestó: "De la misma que Pablo".

– ¿Es usted metodista? –le preguntó– porque todos los metodistas citan a Pablo.

– No.

– ¿Es usted presbiteriano?, –insistió– porque los presbiterianos ponen especial atención a las palabras del apóstol.

– No –fue la respuesta.

– ¿Pertenece a la Iglesia Episcopal?, porque los episcopales reclaman que ellos tienen a Pablo como maestro.

– No –no era episcopal tampoco.

– Entonces ¿a qué credo pertenece?

– Estoy convencido que Él es poderoso para guardar mi depósito para aquel día.

Es una gran seguridad, y le dio paz a ese soldado convaleciente en la hora de su muerte. Que todos los que temen no poder sostenerse lean el versículo 24 de la epístola de Judas:

> *"Y a aquel que es poderoso para guardaros sin caída, y presentaros sin mancha delante de su gloria con gran alegría".*

Luego miren Isaías 41:10:

> *"No temas, porque yo estoy contigo; no desmayes, porque yo soy tu Dios que te esfuerzo; siempre te ayudaré, siempre te sustentaré con la diestra de mi justicia".*

Y el versículo 13:

> *"Porque yo Jehová soy tu Dios, quien te sostiene de tu mano derecha, y te dice: No temas, yo te ayudo".*

Es Dios quien nos cuida

Ahora bien, si Dios me sostiene de mi mano derecha, ¿no puede sostenerme y a la vez cuidarme? ¿Acaso no tiene el poder para cuidarme? El gran Dios que hizo los cielos y la Tierra puede guardar a un pobre pecador como usted y como yo, si confiamos en Él. Abstenerse de confiar en Dios por temor a caer, sería como el hombre que rechaza ser perdonado de un delito, por miedo de ir a la cárcel otra vez, o uno que se está ahogando y se niega a ser rescatado por temor a hundirse en el agua nuevamente.

Muchos hombres analizan la vida cristiana y temen no tener suficientes fuerzas como para llegar hasta el final. Olvidan la promesa:

> *"Como tus días serán tus fuerzas"*
> (Deuteronomio 33:25).

Me recuerda al péndulo del reloj que se desanima de solo pensar en viajar tantos miles de kilómetros, pero cuando reflexiona que la distancia es realizada por el tic-tac, tic-tac, toma coraje para seguir su camino diario. Entonces es el privilegio especial del cristiano entregarse al cuidado de su Padre celestial y confiar en Él día a día. Es tranquilizador el hecho de saber que el Señor que comenzó la buena obra, no la abandonará.

Dos clases de escépticos

Hay dos clases de escépticos: una clase son los que tienen sinceras dificultades, y la otra está compuesta por aquellos que se deleitan en las discusiones. Solía pensar que esta última era una espina clavada en mi carne, pero ya no me pincha tanto como antes. Ahora estoy preparado

para encontrarlas a lo largo de mi camino. Hombres de
esta calaña con frecuencia trataban de enredar también al
Señor con su parloteo. Vienen a nuestras reuniones en
busca de discusión. Para todos ellos le recomiendo el consejo de Pablo a Timoteo:

*"Pero desecha las cuestiones necias e
insensatas, sabiendo que engendran
contiendas"* (2 Timoteo 2:23).

¡Cuestiones necias! Muchos nuevos conversos cometen
un terrible error: piensan que tienen que defender La
Biblia entera. Yo sabía poco de La Biblia cuando me convertí: creía que tenía que defenderla de principio a fin de
todos sus enemigos, hasta que un creyente apartado en
Boston me enfrentó, pisoteó todos mis argumentos y me
dejó enormemente desanimado. Pero ya lo he superado.
Hay muchas cosas en La Biblia que no puedo entender.
Cuando me preguntan qué hago con ellas digo:

– No hago nada.

– ¿Cómo las explica?

No las explico.

– ¿Qué hace con ellas?

– Bueno, simplemente las creo.

Y cuando me dicen:

– Yo no creería nada que no pueda entender.

Les respondo que yo sí.

Había muchas cosas que eran oscuras y misteriosas para mí hace cinco años, sobre las cuales he tenido mucha luz últimamente, y espero tener más conocimiento de Dios allá en la eternidad. Me propuse no discutir sobre pasajes confusos de Las Escrituras; he dejado algunas cosas de lado hasta que tenga más luz sobre ellas. No voy a tratar de explicar lo que todavía yo mismo no entiendo.

> *"Las cosas secretas pertenecen a Jehová*
> *nuestro Dios; mas las reveladas son para*
> *nosotros y para nuestros hijos para siempre"*
> (Deuteronomio 29:29).

Y esas son las que tomo y de las cuales me alimento para obtener nuevas fuerzas espirituales.

Un buen consejo

También hay un consejo sano en Tito 3:9:

> *"Pero evita las cuestiones necias, y genealogías,*
> *y contenciones, y discusiones acerca de la ley;*
> *porque son vanas y sin provecho".*

Pero entonces un escéptico honesto viene a mí; yo lo trato tan tiernamente como una madre a un hijo enfermo. No me agradan aquellos que, porque un hombre duda, lo echan de su lado y no quieren tener nada que ver con él.

Estaba en un reunión con unas personas recién convertidas, y había una mujer cristiana que yo conocía de hace unos años, una mujer bastante desconfiada. Al mirar hacia el salón, vi que ella se levantaba y se marchaba. Le pregunté a quien la estaba atendiendo:

– ¿Por qué la has dejado ir?

– Oh, ella es una escéptica –me respondió.

Corrí hacia la puerta y logré detenerla, le presenté a otro obrero cristiano que pasó una hora conversando y orando con ella. Este hermano la visitó a ella y a su marido, y en el curso de la semana esta mujer inteligente abandonó su escepticismo y se convirtió en una cristiana activa. Llevó algo de tiempo, tacto y oración, pero si una persona de esta clase es honesta, debemos tratar con ella tal como lo haría el Maestro.

Aquí hay algunos pasajes para aquellos que dudan:

"El que quiera hacer la voluntad de Dios,
conocerá si la doctrina es de Dios, o si yo
hablo por mi propia cuenta" (Juan 7:17).

Si un hombre no desea hacer la voluntad de Dios, no conocerá la doctrina. No hay escéptico que no sepa que Dios desea que abandone el pecado; y si un hombre quiere alejarse del pecado y aceptar la luz que Dios le da, y no esperar tener luz sobre toda La Biblia de una sola vez, recibirá más revelación día a día, progresará paso a paso y será llevado de las tinieblas a la luz del cielo.

Daniel 12:10 dice:

"Muchos serán limpios, y emblanquecidos y
purificados; los impíos procederán impíamente,
y ninguno de los impíos entenderá, pero los
entendidos comprenderán"

Dios nunca revelará sus secretos a sus enemigos. ¡Nunca! Si un hombre persiste en vivir en pecado, no conocerá las doctrinas de Dios.

"La comunión íntima de Jehová es con los que
le temen, y a ellos hará conocer su pacto"
(Salmo 25:14).

Y en Juan 15:15 leemos:

"Mis ojos están siempre hacia Jehová, porque él
sacará mis pies de la red".

Cuando nos hacemos amigos de Cristo, Él nos revela sus secretos. El Señor dijo:

*"¿Encubriré yo a Abraham lo que voy a
hacer?"* (Génesis 18:17).

Aquellos que se parecen a Dios son más capaces de
entenderlo a Él. Si un hombre no tiene intenciones de alejarse del pecado, no conocerá la voluntad de Dios, ni Dios
le revelará sus secretos. Pero si un hombre está dispuesto
a volverse de su pecado, será sorprendido al ver cuánta luz
entrará en él.

Por qué La Biblia era "vacía" para mí

Recuerdo una noche cuando La Biblia era el libro más
seco y vacío del universo para mí. Pero al próximo día se
volvió completamente lo opuesto. Pensé que había encontrado la llave para ella: había nacido de nuevo por el
Espíritu. Pero antes de que supiera nada de la mente de
Dios, tenía que abandonar mi pecado. Creo que Dios se
acerca a cada alma cuando esta se rinde, cuando estamos
listos para dejarlo a Él que nos guíe. El problema con
muchos escépticos son sus propias opiniones. ¡Son más
altas que el Altísimo! No tienen un espíritu enseñable. Pero
en el momento que un hombre se vuelve abierto y recep-
tivo en espíritu, es bendecido porque:

*"Y si alguno de vosotros tiene falta de
sabiduría, pídala a Dios, el cual da a todos
abundantemente y sin reproche, y le será
dada"* (Santiago 1:5).

5

Un Salvador divino

"Tú eres el Cristo, el Hijo del Dios viviente" (Mateo 16:16; Juan 6:69).

menudo nos encontramos con gente que pregunta, que no creen en la divinidad de Cristo. Hay muchos pasajes que les darán luz sobre este tema.

En 1 Corintios 15:47 se nos dice:

"El primer hombre es de la tierra, terrenal; el segundo hombre, que es el Señor, es del cielo".

En 1 Juan 5:20 dice:

"Pero sabemos que el Hijo de Dios ha venido, y
nos ha dado entendimiento para conocer al
que es verdadero; y estamos en el verdadero,
en su Hijo Jesucristo. Este es el verdadero Dios,
y la vida eterna".

Nuevamente en Juan 17:3:

"Y esta es la vida eterna: que te conozcan a ti,
el único Dios verdadero, y a Jesucristo, a quien
has enviado".

Y luego, en Marcos 14:60:

"Entonces el sumo sacerdote, levantándose en
medio, preguntó a Jesús, diciendo: ¿No respondes
nada? ¿Qué testifican éstos contra ti? Mas él
callaba, y nada respondía. El sumo sacerdote le
volvió a preguntar, y le dijo: ¿Eres tú el Cristo, el
Hijo del Bendito? Y Jesús le dijo: Yo soy; y veréis
al Hijo del Hombre sentado a la diestra del poder
de Dios, y viniendo en las nubes del cielo.
Entonces el sumo sacerdote, rasgando su
vestidura, dijo: ¿Qué más necesidad tenemos de
testigos? Habéis oído la blasfemia; ¿qué os parece?
Y todos ellos le condenaron, declarándole ser
digno de muerte".

¿Qué me hizo creer en la divinidad de Cristo?

Lo que me hizo creer en la divinidad de Cristo fue lo siguiente: no sabía dónde ubicar a Cristo o qué hacer con Él, si Él no fuera divino. Cuando era niño pensaba que Él había sido un buen hombre, tal como Moisés, José o Abraham. Aún pensaba que habría sido el mejor hombre que había vivido sobre toda la Tierra. Pero hallé que Cristo tenía una posición más alta que eso. Él decía ser el Dios-Hombre, ser divino, haber venido del cielo. Dijo:

> *"Antes que Abraham fuera, Yo soy"*
> (Juan 8:58).

No podía entenderlo, pero llegué a la conclusión –y desafío a cualquier hombre sincero que argumente– que Jesús era un impostor o engañador, o bien Él era el Dios-Hombre, Dios manifestado en carne. Por estas razones: el primer mandamiento es:

> *"No tendrás dioses ajenos delante de mí"*
> (Éxodo 20:3).

Mire los millones de cristianos que adoran a Jesús como Dios. Si Cristo no hubiera sido Dios, esto sería idolatría. Seríamos todos culpables de quebrar el primer mandamiento si Cristo hubiera sido un mero hombre, si hubiera sido creado como un ser, y no como lo que Él dice que es.

Algunos que no admiten su divinidad dicen que Él fue el mejor hombre que vivió jamás. Pero si no fuera divino, por esa misma razón no debería ser reconocido como un buen hombre, ya que declaró tener un honor y dignidad que ellos negaron. Eso lo colocaría en la categoría de mentiroso y engañador.

Otros dicen que pensó que era divino, pero que Él mismo estaba engañado. ¡Como si Jesucristo pudiera ser llevado por una ilusión o un engaño, y pudiera pensar que era más de lo que era! No puedo concebir una idea más baja que esa. Esto no solo lo haría un impostor y mentiroso sino, además, un loco que no sabe quién es o de dónde vino. Ahora bien, si Jesucristo no era quien decía ser, el Salvador del mundo, y si no hubiera venido del cielo, era entonces un engañador total.

¿Pero cómo puede alguien leer de la vida de Jesús y pensar que Él fue un engañador? Un hombre generalmente tiene un motivo para engañar. ¿Cuál era el suyo? Sabía que el curso de los eventos lo llevarían a la cruz, que su nombre sería manchado de vileza, y que muchos de sus seguidores tendrían que poner sus vidas por su causa. Casi todos los apóstoles terminaron como mártires, y fueron rechazados por la sociedad. Si un hombre es un impostor, tiene que haber un motivo detrás de su hipocresía. ¿Pero cuál era el objetivo de Cristo? Las crónicas dicen que *"éste anduvo haciendo bienes"* (Hechos 10:38). Esa no es la obra de un impostor. No deje que el enemigo de las almas lo engañe.

En Juan 5:21-23 leemos:

> *"Porque como el Padre levanta a los*
> *muertos, y les da vida, así también el Hijo a*
> *los que quiere da vida. Porque el Padre a nadie*
> *juzga, sino que todo el juicio dio al Hijo, para*
> *que todos honren al Hijo como honran al*
> *Padre. El que no honra al Hijo, no honra al*
> *Padre que le envió".*

Cómo opera

Note lo siguiente: por la ley judía, si un hombre era blasfemo era condenado a muerte; y suponiendo que Cristo era meramente humano, si esto no era blasfemia no sabría en qué otra categoría ponerlo.

> *"El que no honra al Hijo, no honra al Padre*
> *que le envió"* (Juan 5:23).

Si Cristo no era Hijo de Dios, esto sería una blasfemia rampante. Si Moisés, o Elías o cualquier otro mortal hubiera dicho: "Deben honrarme a mí como honran a Dios", y se hubieran puesto al mismo nivel que Dios, habría sido una blasfemia plena.

Los judíos condenaron a Jesús a muerte porque dijeron que Él no era lo que reclamaba ser. El sumo sacerdote dijo:

> *"Te conjuro por el Dios viviente, que nos digas si*
> *eres tú el Cristo, el Hijo de Dios"* (Mateo 26:63).

Jesús le respondió:

"Tú lo has dicho".

Entonces los judíos tomaron piedras para apedrearlo (ver Juan 10:24-33). Ellos dijeron que no querían oír más, porque todo aquello era una blasfemia. Declararse el Hijo de Dios era condenable a muerte (ver Mateo 26:63-66).

Si Jesús era un simple hombre, lo que los judíos hicieron, según sus leyes, estaba bien. En Levítico 24:16 vemos que:

"Y el que blasfemare el nombre de Jehová,
ha de ser muerto; toda la congregación lo
apedreará; así el extranjero como el natural, si
blasfemare el Nombre, que muera".

Esta ley los obligaba a condenarlo a muerte. Era la declaración de ser divino lo que le estaba costando la vida a Jesús, y por la ley mosaica debía sufrir la pena de muerte. En Juan 16:15 Cristo dice:

"Todo lo que tiene el Padre es mío; por eso dije
que tomará de lo mío, y os lo hará saber".

¿Cómo podría ser un simple hombre y usar un lenguaje así? Ninguna duda sobre este punto jamás entró a mi mente desde el día que me convertí.

Una buena prueba

A un pecador notable le preguntaron una vez cómo podría probar la humanidad de Jesús. Su respuesta fue:

– Bueno, Él me salvó, esa es una prueba bastante buena, ¿no es cierto?

Un apartado me dijo en una ocasión:

– He estudiado la vida de Juan el bautista, señor Moody. ¿Por qué usted no predica acerca de él? En realidad fue un personaje más grande que Jesús. Si predica de él, verá que será aplaudido.

Le respondí:

– Amigo, <u>usted</u> predique de Juan el Bautista, yo voy a continuación y predico de Jesús; veremos quién de los dos será más aplaudido.

– Usted lo será –dijo– la gente es muy supersticiosa.

¡Ah! Eso es porque Juan fue decapitado y sus discípulos reclamaron su cuerpo y lo enterraron; en cambio, Jesús fue levantado de entre los muertos:

"Subiste a lo alto, cautivaste la
cautividad, tomaste dones para los hombres"
(Salmo 68:18).

Cristo fue levantado

Nuestro Cristo <u>vive</u>. Mucha gente aún no ha entendido que nuestro Cristo se ha levantado de la tumba. Adoran a un Salvador muerto, como María, que dijo:

> *"Se han llevado a mi Señor, y no sé dónde le*
> *han puesto"* (Juan 20:13).

Ese es el problema con los que dudan de la divinidad del Señor. Luego vea lo que dice Mateo 18:20:

> *"Porque donde están dos o tres congregados en*
> *mi nombre, allí estoy yo en medio de ellos".*

"Allí estoy yo": pero si fuera un simple hombre ¿cómo podría estar allí? Todos estos pasajes son fuertes. Nuevamente en Mateo 28:18 dice:

> *"Toda potestad me es dada en el cielo y en la*
> *tierra".*

¿Podría un simple hombre hablar así: *"Toda potestad me es dada en el cielo y en la tierra"*? Y en Mateo 28:20:

> *"Y he aquí yo estoy con vosotros todos los días,*
> *hasta el fin del mundo".*

Si fuera nada más que un hombre ¿cómo podría estar con nosotros? Pero Él dice:

*"Yo estoy con vosotros todos los días, hasta el
fin del mundo".*

También en Marcos 2:7-9 repite la declaración:

*"¿Por qué habla éste así? Blasfemias dice.
¿Quién puede perdonar pecados, sino solo
Dios? Y conociendo luego Jesús en su espíritu
que cavilaban de esta manera dentro de sí
mismos, les dijo: ¿Por qué caviláis así en
vuestros corazones? ¿Qué es más fácil, decir al
paralítico: Tus pecados te son perdonados, o
decirle: Levántate, toma tu lecho y anda?"*

Algunas personas le saldrán al encuentro y le dirán:

– ¿No venció a la muerte también Elías?

Note que en las raras ocasiones en que hubo gente que
resucitó o venció a la muerte, lo hicieron por el poder de
Dios. Clamaron a Dios para hacerlo. Pero cuando Cristo
estaba en la Tierra, no pidió al Padre que lo trajera de la
muerte a la vida. Cuando fue a la casa de Jairo dijo:

"Niña, a ti te digo, levántate" (Marcos 5:41).

Tenía poder para impartir vida. Cuando trasportaban al
joven de Naín, tuvo compasión por la madre viuda y se
acercó, tocó el féretro y dijo:

"Joven, a ti te digo, levántate" (Lucas 7:14).

Jesús habló y el muerto se levantó. Y en la ocasión que resucitó a Lázaro, clamó en alta voz:

"Lázaro, sal fuera" (Juan 11:43).

Y Lázaro escuchó y salió fuera.

Alguien ha dicho que fue bueno que Lázaro haya sido mencionado por su nombre, porque de otro modo todos los muertos que estuvieran dentro del alcance del sonido de la voz de Cristo, se hubieran levantado a una.

En Juan 5:25 Jesús dice:

> *"De cierto, de cierto os digo: Viene la
> hora, y ahora es, cuando los muertos
> oirán la voz del Hijo de Dios; y los que la
> oyeren vivirán".*

¡Qué blasfemia hubiera sido esta, si Él no hubiera sido Hijo de Dios! Las pruebas son apabullantes si solo examinamos La Palabra de Dios.

La adoración que Cristo acepta

Y otra cosa más: ningún hombre bueno, excepto Jesucristo, ha permitido alguna vez que alguien lo alabe. Cuando esto se hizo, Él no reprendió a nadie por alabarlo.

En Juan 9:38 leemos que cuando el hombre ciego fue encontrado por Jesús, dijo:

> *"Creo, Señor; y le adoró".*

El Señor no lo reprendió. También en Apocalipsis 22:6-9 dice así:

> *"Y me dijo: Estas palabras son fieles y verdaderas. Y el Señor, el Dios de los espíritus de los profetas, ha enviado su ángel, para mostrar a sus siervos las cosas que deben suceder pronto. ¡He aquí, vengo pronto! Bienaventurado el que guarda las palabras de la profecía de este libro. Yo Juan soy el que oyó y vio estas cosas. Y después que las hube oído y visto, me postré para adorar a los pies del ángel que me mostraba estas cosas. Pero él me dijo: Mira, no lo hagas; porque yo soy consiervo tuyo, de tus hermanos los profetas, y de los que guardan las palabras de este libro. <u>Adora a Dios</u>"*
> (énfasis mío).

Vemos aquí que aún el ángel no le permitió a Juan adorarlo. ¡Aún un ángel del cielo! Y si Gabriel descendiera aquí de la presencia de Dios, sería un pecado adorarlo a él o a algún serafín, o querubín, o a Miguel o a cualquier arcángel.

"Adora a Dios." Y si Cristo no fuera Dios manifestado en carne seríamos culpables de idolatría al adorarlo. En Mateo 14:33 leemos:

> *"Entonces los que estaban en la barca vinieron*
> *y le adoraron, diciendo: Verdaderamente eres*
> *Hijo de Dios".*

Y Él no los rechazó. Y en Mateo 8:2 también dice:

> *"Y he aquí vino un leproso y se postró ante él,*
> *diciendo: Señor, si quieres, puedes limpiarme".*

Hay otros muchos pasajes, pero le doy estos como prueba suficiente en mi opinión de la divinidad del Señor. En Hechos 14 se nos dice que los paganos de Listra hubieran venido con guirnaldas y habrían hecho sacrificios a Pablo y Bernabé, porque ellos habían sanado a un hombre cojo de nacimiento, pero el evangelista les dijo a estos hombres que ellos eran solo hombres y no debían ser adorados, como si esto fuera un gran pecado. Y si Jesús fuera un simple hombre, todos seríamos culpables de un gran pecado de idolatría al adorarlo.

Pero si Él es, como creemos, el unigénito y amado Hijo de Dios, postrémonos ante Él y sigamos sirviéndole todos los días de nuestras vidas.

6

Arrepentimiento y restitución

> **"[Dios] ahora manda a todos los hombres en todo lugar, que se arrepientan" (Hechos 17:30).**

E l arrepentimiento es una de las doctrinas fundamentales de La Biblia. Pero creo que es una de las verdades menos entendidas en el presente. Hay más gente hoy en tinieblas y oscuridad acerca de los conceptos del arrepentimiento, la regeneración, la expiación y otras verdades igualmente significativas de La Biblia, que quizás de ninguna otra doctrina, aunque hemos oído de ellas desde nuestros primeros años. Si preguntara una definición de arrepentimiento, mucha gente me daría una idea extraña y falsa de ello.

El hombre preparado para recibir el Evangelio

Un hombre no está preparado para creer o recibir a Cristo hasta que esté listo para arrepentirse de sus pecados y alejarse de ellos. Hasta que Juan el Bautista no se encontró con Jesús, tenía un solo mensaje:

"Arrepentíos, porque el reino de los cielos se ha acercado" (Mateo 3:2).

Pero si hubiera continuado diciendo esto, y hubiera parado allí sin mostrarles a la gente a Jesús, no hubiera logrado mucho. Cristo usó el mismo clamor del desierto:

"Arrepentíos, porque el reino de los cielos se ha acercado" (Mateo 4:17).

Y cuando el Señor envió a sus discípulos, fue con el mismo mensaje:

"Y saliendo, predicaban que los hombres se arrepintiesen" (Marcos 6:12).

Luego de que fue glorificado, y cuando el Espíritu Santo descendió, encontramos a Pedro en el día de

Pentecostés, declarando lo mismo: "¡Arrepiéntanse!" Esa era la predicación –arrepentirse y creer en el Evangelio– que trajo tan maravillosos resultados en ese entonces (Hechos 2:38-47). Y vemos que cuando Pablo fue a Atenas, profirió las mismas palabras:

"[Dios] ahora manda a todos los hombres en
todo lugar, que se arrepientan"
(Hechos 17:30).

Antes de hablar de arrepentimiento, permítame brevemente decirle lo que <u>no es</u> arrepentimiento. Arrepentimiento no es <u>temor</u>. Mucha gente los confunde. Piensan que tienen que alarmarse y aterrorizarse; y esperan que alguna clase de miedo descienda sobre ellos. Pero multitudes se alarman y no se arrepienten verdaderamente.

Quizás haya oído de los hombres que han estado en el mar durante una tormenta terrible. Quizás han sido hombres muy profanos, pero cuando el peligro se acerca comienzan a clamar a Dios por misericordia. Pero no por eso puede decirse que se han arrepentido. Cuando la tormenta haya pasado, volverán a insultar como lo hacían antes. Usted podría decir que el rey de Egipto se arrepintió cuando Dios envió sobre ellos y su tierra las terribles plagas, pero no fue arrepentimiento, en absoluto. En el momento en que Dios quitó su mano, el corazón de Faraón se endureció más que nunca. No se volvió de un solo pecado; seguía siendo el mismo hombre. Entonces allí no hubo verdadero arrepentimiento.

Con frecuencia, cuando la muerte azota a una familia, parece que todos allí van a convertirse. Pero en seis meses todo se olvidará. Algunos de los lectores pueden haber pasado por la misma experiencia. Cuando la mano de Dios era fuerte sobre ellos, parecía que todos iban a arrepentirse, pero la prueba fue quitada y miren ahora: la impresión ha pasado.

El arrepentimiento no es un "sentir"

De nuevo: arrepentimiento no es un <u>sentir</u>. Encuentro que mucha gente está esperando tener cierta clase de sentimientos. Les gustaría volverse a Dios, pero creen que no pueden hacerlo hasta les venga cierto sentimiento. Cuando estaba en Baltimore, solía predicar cada domingo en la prisión, a novecientos convictos. Casi no había un hombre que no se sintiera miserable, estaban llenos de sentimientos. En la primera semana o primeros diez días de su cautividad, muchos de ellos gritaban todo el tiempo. Pero cuando eran liberados, la mayoría volvían a sus viejos caminos. La verdad es que se sentían mal porque habían sido atrapados, eso era todo.

Así que usted ve un hombre que en el tiempo de la prueba muestra mucha clase de sentimientos, pero solo porque se ha metido en problemas, no porque haya cometido pecados, o porque su conciencia le dice que ha hecho algo malo a los ojos de Dios. Parece como si la prueba va a traer verdadero arrepentimiento, pero el sentimiento generalmente se disipa.

Una vez más: arrepentimiento no es <u>ayunar</u> y <u>afligir el cuerpo</u>. Un hombre puede ayunar por semanas, meses o años, y aún así no arrepentirse de ningún pecado. Arrepentimiento tampoco es <u>remordimiento</u>. Judas tuvo un remordimiento terrible –lo suficiente como para ahorcarse– pero eso no fue arrepentimiento. Creo que si hubiera ido al Señor, se hubiera postrado sobre su rostro y confesado su pecado, habría sido perdonado. En vez de eso, fue a los sacerdotes, y le puso fin a su vida. Un hombre puede hacer toda clase de penitencia, pero no hay verdadero arrepentimiento en eso. Grábeselo en la mente: no podrá satisfacer las demandas de Dios ofreciendo el fruto de su cuerpo por el pecado de su alma. ¡Quítese esa idea!

Arrepentimiento no es <u>convicción de pecado</u>. Esto puede sonar extraño para muchos. He visto hombres bajo tan fuerte convicción de pecado, que no podían dormir durante toda la noche. No podían siquiera probar un bocado. Continuaron en este estado por meses, y aún así no se convirtieron; no se arrepintieron verdaderamente.

La oración tampoco significa arrepentimiento

Esto también puede sonar extraño. Muchas personas, cuando se preocupan por la salvación de sus almas dicen: "Oraré y leeré La Biblia", y piensan que así lograrán el efecto deseado. Pero no lo alcanzarán. Pueden leer La Biblia durante horas, y aún así nunca arrepentirse. Muchos claman fuertemente a Dios, pero siguen sin arrepentirse.

Otra cosa más: no es <u>interrumpir el pecado</u>. Mucha gente comete ese error. Un hombre que ha sido bebedor hace una promesa, y deja de beber. Interrumpir o detener un pecado no es arrepentimiento. Abandonar un pecado es como arrancar una rama de un árbol, cuando todo el árbol es el que tiene que caer. Un hombre profanador deja de insultar. Muy bien, pero si no corta <u>todos</u> los demás pecados, eso no es arrepentimiento, no es la obra de Dios en el alma. Cuando Dios trabaja, Él derriba el árbol entero. Quiere que el hombre se vuelva de cada uno de sus pecados.

Supongamos que estoy en una embarcación en el mar, y veo que el barco tiene una filtración en dos o tres lugares: puedo ir y tapar un agujero, pero de todos modos la embarcación se terminará hundiendo. O supongamos que estoy herido en tres o cuatro partes, y tomo un remedio para una de las partes; si las otras dos heridas son desatendidas, me moriré de todas maneras. El verdadero arrepentimiento no es interrumpir o discontinuar este o aquel pecado en particular.

Entonces ¿qué es arrepentimiento?

Bueno, usted preguntará ¿entonces qué es arrepentimiento? Le daré una buena definición: "dar media vuelta". En el idioma irlandés, la palabra "arrepentimiento" significa más aún que "dar media vuelta". Implica que un hombre que ha estado caminando en una dirección, no solo ha dado la media vuelta, sino que en realidad está caminado en la dirección opuesta, o sea que su vida ha dado un giro de ciento ochenta grados.

> *"Volveos, volveos de vuestros malos caminos; ¿por qué moriréis, oh casa de Israel?"* (Ezequiel 33:11).

Un hombre puede tener mucho sentimiento o poco sentimiento, pero si no se vuelve de su pecado, Dios no tendrá misericordia de él. El arrepentimiento también ha sido descrito como un "cambio de mente" o de opinión. Por ejemplo, hay una parábola que Cristo relató:

> *"Un hombre tenía dos hijos, y acercándose al primero, le dijo: Hijo, ve hoy a trabajar en mi viña. Respondiendo él, dijo: No quiero"* (Mateo 21:28-29).

Después que dijo que no iba, lo pensó nuevamente, y cambió de opinión. Quizás se dijo a sí mismo: "No le hablé muy bien a mi papá. Me pidió que hiciera un trabajo de buena manera, y yo le dije que no quería. Creo que estuve mal". Pero suponga que él solo hubiera dicho esto pero no hubiera ido a trabajar: no se habría arrepentido. No solo estaba convencido de que había obrado mal, sino que fue al campo a arar el suelo o a segar, o lo que fuera que había que hacer. Esta es la definición de arrepentimiento usada por Cristo. Si un hombre dice:

– Por la gracia de Dios abandonaré mi pecado y haré su voluntad –eso es arrepentimiento, darse la vuelta.

¿Puede arrepentirse el hombre súbitamente?

Ciertamente puede. No lleva mucho tiempo dar una vuelta. No le lleva al hombre seis meses cambiar de opinión. Había un barco que se estaba hundiendo hace algún tiempo en la costa de Terranova, en Canadá. Cuando bregaba hacia la costa, hubo un momento en que el capitán pudo haber dado órdenes de hacer marcha atrás y volver. Si los motores hubieran retrocedido en ese instante, el barco se habría salvado. Pero hubo un momento en donde ya era demasiado tarde.

También hay un momento en la vida del hombre en donde debe detenerse y decir: "Por la gracia de Dios no seguiré adelante por este camino de muerte y destrucción. Me arrepiento de mis pecados y me alejo de ellos". Usted puede decir que no lo siente lo suficiente, pero si está convencido que está andando por el camino de perdición, se da vuelta y dice: "No iré más por el camino de rebelión y pecado como lo he hecho hasta ahora".

Recién allí, cuando está dispuesto a volverse a Dios, la salvación es suya. Encuentro que cada caso de conversión registrado en La Biblia fue instantáneo. El arrepentimiento y la fe vienen de repente. En el momento en que el hombre toma una decisión, Dios le da el poder. Dios no le pide a ningún hombre que haga algo para lo cual no tiene el poder. Él no *"manda a todos los hombres en todo lugar, que se arrepientan"* (Hechos 17:30), si no fueran capaces de hacerlo. No hay nadie a quien culpar si no nos arrepentimos y creemos en el Evangelio.

La descripción de una conversión

Un ministro sobresaliente en Ohio me escribió una carta hace algún tiempo describiéndome su conversión. Ella ilustra muy adecuadamente este punto de tomar una decisión instantánea, y dice así:

«Tenía diecinueve años y estudiaba leyes con un abogado cristiano en Vermont. Una tarde, cuando él estaba de viaje, su esposa me dijo cuando llegué a su casa: "Quiero que vengas conmigo esta noche a la reunión y te hagas cristiano, para que puedas conducir la alabanza familiar mientras que mi esposo está afuera". "Bien, lo haré", dije yo sin pensarlo demasiado. Cuando volví a la casa, la esposa me preguntó si había sido sincero en lo que había dicho. Yo le contesté: "Sí, en lo que respecta a ir a la reunión con usted, eso es nada más que cortesía".

«Fui con ella a la reunión, como lo había hecho muchas veces anteriormente. Había allí como unas doce personas en lo que era una especie de hogar-escuela.

«El líder no le había hablado a nadie más que a mí y a otros dos más en todo el salón. Le estaba hablando a la persona que estaba a mi lado, cuando tuve un pensamiento: él me iba a preguntar si tenía algo para decir. Me dije a mí mismo que ya que había decidido en alguna ocasión hacerme cristiano, ¿por qué no empezar allí mismo? En menos de un minuto de que esos pensamientos hubieran pasado por mi mente, el líder se dirigió a mí en un tono muy familiar –porque me conocía bien– y dijo:

— Hermano Carlos ¿tiene algo que decir?

«Yo respondí con absoluta naturalidad:

— Sí señor, justo acabo de decidir, en los últimos treinta segundos, que voy a comenzar una vida cristiana, y me
gustaría que ore por mí.

«Mi frialdad lo dejó perplejo; creo que hasta dudó de
mi sinceridad. Dijo poco, pero pasó al frente y les dijo algo
a los otros dos. Después de unos breves comentarios generales, se volvió a mí y me dijo:

— Hermano Carlos, ¿podría cerrar la reunión con una
oración?

«Él sabía que yo nunca había orado en público. Hasta
ese momento, yo no tenía ningún sentimiento. Era una
mera transacción comercial. Mi primer pensamiento fue
que no podía orar y que le pediría que me disculpara. El
segundo fue que había dicho que iba a empezar una vida
cristiana, y esto era parte de ella. Entonces dije:

— Oremos.

«Y en algún momento comencé a doblar mis rodillas y
cuando mis rodillas tocaron el suelo, el Señor convirtió mi
alma.

«Las primeras palabras que dije fueron:

– ¡Gloria a Dios!

«Lo que dije luego no lo recuerdo, y no me interesa, porque mi alma fue tan llena solo por decir "gloria". Desde ese momento en adelante el diablo nunca se ha atrevido a desafiar mi conversión. Para Cristo sea toda la alabanza.

Mucha gente está esperando algo –no pueden decir específicamente qué– alguna clase de sentimiento milagroso que salga de ellos. Hace algunos años le hablaba a un hombre, y él siempre tenía respuesta para todo. Por cinco años había tratado de ganarlo para Cristo, y cada año él decía:

– Todavía no me ha "pegado",

– ¿Qué quiere decir con "no me ha pegado"? ¿Qué es lo que "no le ha pegado"?

– Bueno –dijo– no me voy a hacer cristiano hasta que no lo sienta. Simplemente no lo veo de la manera en que usted lo ve.

– ¿Pero usted no sabe que es pecador?

– Sí, lo sé –respondió con toda franqueza.

– Bueno ¿no sabe que Dios quiere tener misericordia de usted, que hay perdón para con Dios? Él quiere que se arrepienta y que se vuelva a Él –lo exhorté.

– Sí, lo sé, pero todavía no me ha pegado.

Siempre volvía a lo mismo. ¡Pobre hombre! Se fue a la tumba en ese estado de indecisión. Dios le dio sesenta largos años para que se arrepintiera, y todo lo que tenía para decir era que !"todavía no me ha pegado"!

Esperar algún sentimiento extraño

¿Está el lector esperando alguna clase de sentimiento extraño? En ningún lugar en La Biblia se nos dice que debamos esperar algo así. Dios le ordena que se arrepienta <u>ahora</u>.

¿Usted cree que Dios puede perdonar a alguien que no quiere ser perdonado? ¿Estaría feliz si Dios lo perdonase en ese estado de indecisión? Porque si un hombre fuera al Reino de Dios sin arrepentirse, el cielo sería infierno para él. El cielo es un lugar preparado para un pueblo preparado. Si su hijo ha hecho algo malo y no se arrepiente, usted no puede perdonarlo. Estaría cometiendo una injusticia.

Suponga que él va a su escritorio y le roba cien dólares y los esconde. Cuando usted regresa a casa, su mayordomo le dice lo que su hijo ha hecho. Le pregunta a su hijo si es cierto, y él se lo niega. Pero al final usted obtiene algunas pruebas. Aún cuando él sabe que no puede seguir negándolo, no solo no confiesa el pecado, sino que dice que volverá a hacerlo tan pronto tenga otra oportunidad. ¿Usted le diría: "Bueno, te perdono", y dejaría el asunto allí? ¡No! Pero a pesar de eso la gente dice que Dios va a salvar a todo el mundo, sea que se arrepientan o no: borrachos, ladrones, prostitutas... sin distinción. "Dios es muy misericordioso", dicen. Queridos amigos, no se dejen engañar por el dios de este mundo. Donde haya verdadero arrepentimiento y alejamiento del pecado, Dios soltará su bendición, pero nunca bendecirá hasta que no encuentre sincera contrición.

David cometió un grave error

David cometió un gravísimo error en este aspecto con su hijo rebelde, Absalón. No pudo haber cometido una injusticia más grande que perdonarlo cuando su corazón no había cambiado. No podía haber verdadera reconciliación entre ellos, a menos que hubiera arrepentimiento de por medio. Pero Dios no comete esos errores. David tuvo problemas como consecuencia de su error de juicio. Su hijo muy pronto lo destronó.

Hablando de arrepentimiento, el Dr. Brooks, de St. Louis, bien acota:

«Arrepentimiento, hablando estrictamente, significa un "cambio de mente o de propósito". Consecuentemente, es el juicio que el pecador pronuncia sobre sí mismo en vista del amor que Dios ha mostrado en la muerte de Cristo, conectado al hecho del abandono de toda confianza en sí mismo y confiando en el único Salvador de los pecadores. Arrepentimiento salvador y fe salvadora siempre van juntos, y no debe preocuparse por el arrepentimiento, si es que usted cree.

«Algunas personas no están seguras si se han arrepentido lo suficiente. Si lo que quieren decir es que deben arrepentirse para inclinar la misericordia de Dios sobre ellos, y cuanto más pronto lo hagan, mejor. Dios ya es misericordioso, como lo ha demostrado en la cruz del Calvario, y sería un grave deshonor a su corazón el pensar que sus lágrimas y su angustia moverán a Dios, *"ignorando que su benignidad te guía al arrepentimiento"* (Romanos 2:4). No es su dureza, entonces, sino su bondad la que nos guía al arrepentimiento; por tanto, la verdadera manera de arrepentirnos es creer en el Señor Jesucristo, *"el cual fue entregado por nuestras transgresiones, y resucitado para nuestra justificación"* (Romanos 4:25).»

Cómo saber si el arrepentimiento es genuino

Algo más: si el arrepentimiento es genuino habrá frutos. Si le hemos hecho daño a alguien, nunca deberíamos pedirle a Dios que nos perdone, hasta que estemos dispuestos a hacer una restitución. Si le he hecho una gran injusticia a alguien y puedo hacer el bien, no debería pedirle a Dios que me perdone hasta que yo no vaya y haga el bien que debo hacer. Suponga que he tomado algo que no me pertenece: no tengo derecho a esperar que Dios me perdone hasta que no haga la restitución debida.

Recuerdo que cuando prediqué en una gran ciudad, un hombre muy fino y elegante vino a mí al final. Estaba muy perturbado mentalmente.

– El hecho es que –confesó– soy un ladrón. He tomado dinero que pertenece a mis jefes. ¿Cómo puedo hacerme cristiano sin devolverlo?

– ¿Tiene el dinero? –inquirí.

Me dijo que no lo tenía todo. Que había tomado mil quinientos dólares, pero que todavía tenía novecientos.

– ¿No podría tomar ese dinero y hacerlo trabajar para que me dé ganancias y así poder devolver todo? –sugirió.

Le dije que eso era un engaño de Satanás, que no podía esperar prosperar sobre dinero robado, y que debía devolver todo lo que tenía y pedir misericordia de sus empleadores, para que lo perdonaran.

– Pero ellos me mandarán a la cárcel –dijo–. ¿No podría usted darme alguna ayuda?

– No, debe restituir todo el dinero antes de esperar recibir alguna ayuda de parte de Dios.

– Es muy difícil para mí –se lamentó.

– Sí, es difícil; pero el gran error fue hacer lo malo que hizo al principio.

Su carga se hizo tan pesada que se volvió insoportable. Me entregó el dinero –novecientos cincuenta dólares con algunos centavos– y me pidió que se lo diera a sus emple-adores. Al día siguiente sus jefes y yo nos reunimos en una sala en la iglesia. Les di el dinero y les informé que era de uno de sus <u>empleados</u>. Les conté la historia y les dije que él quería misericordia de parte de ellos, no juicio. Las lágrimas brotaron de los ojos de estos dos hombres y dijeron:

– ¿Perdonarlo? Sí, estaremos contentos de perdonarlo.

Entonces bajé las escaleras y fui a buscarlo y traerlo arriba. Luego que hubo confesado sus faltas y recibido el perdón, todos nos arrodillamos e hicimos una oración. Dios vino y nos bendijo allí.

Estar en regla con la ley

Había un amigo mío quien, hace un tiempo, había venido al Señor y deseaba consagrarse y entregar sus riquezas a Dios. Anteriormente había hecho transacciones con el gobierno y había sacado provecho de ellas. Esto afloró cuando quiso convertirse, y su conciencia lo molestaba. Me dijo:

– Quiero consagrar mi dinero a Dios, pero pareciera que Dios no quiere recibirlo.

Tenía una terrible lucha; su conciencia se levantaba y lo acosaba todo el tiempo. Finalmente hizo un cheque por mil quinientos dólares y lo envió al Tesoro de los Estados Unidos. Me contó luego que recibió una bendición muy grande cuando lo hizo. Eso es llevar *"frutos dignos de arrepentimiento"* (Mateo 3:8). Creo que muchos hombres claman a Dios por luz, y que si no la obtienen es porque no son honestos.

Una vez estaba predicando y un hombre vino a mí; tenía solo treinta y dos años, pero su cabello era bastante gris. Dijo:

– Quiero que note que mi cabello es cano y tengo solo treinta y dos años. Por doce años he llevado una gran carga.

– Bien, ¿cuál es? –interrogué.

Miró hacia alrededor, temeroso de que alguien pudiera oírlo.

– Mi padre ha muerto –relató– y dejó a mi madre sola a cargo del periódico local. La compañía del periódico era todo lo que le dejó. Después que murió el negocio comenzó a menguar. Y yo vi cómo mi madre empezó a hundirse en depresión. El edificio y el papel estaban asegurados por mil dólares, y cuando yo tenía veinte años le prendí fuego al edificio para obtener los mil dólares y dárselos a mi madre. Desde allí, ese pecado ha estado persiguiéndome.

He tratado de ahogarlo a través de una vida de indulgen-
cias, de pecado, he maldecido a Dios, he cometido infide-
lidad, he tratado de probar que La Biblia no era verdad, he
hecho todo lo que pude, pero todos estos años he vivido
atormentado.

– Hay una salida –le dije.

– ¿Cuál es?

– Haga una restitución. Sentémonos y calculemos los
intereses, y luego usted le pagará el dinero a la compañía
de seguros.

Hubiera sido bueno que hubiera podido ver el rostro
de ese hombre cuando supo que había misericordia para
él. Dijo que pagaría con todo gusto el dinero, si solo podía
ser perdonado por Dios.

Hay hombres que viven en oscuridad y en ataduras
porque no están dispuestos a volverse de sus pecados y
confesarlos, y no conozco un hombre que pueda ser perdonado sin haber confesado su pecado.

Hoy es el día de misericordia

Tenga en cuenta que hoy es el único día de salvación
que usted tendrá. Puede arrepentirse ahora y borrar el his-
torial de sus pecados por completo. Dios desea perdonarlo, quiere traerlo de regreso a Él. Pero también sé que La

Biblia dice que <u>no hay arrepentimiento después de esta vida</u>. Hay algunos que enseñan que hay posibilidad de arrepentirse en la tumba; yo no encuentro eso en ninguna parte de La Biblia. He buscado en mi Biblia con mucho cuidado, y no hallé un pasaje que dijera que el hombre tiene otra oportunidad de ser salvo una vez muerto.

<u>¿Por qué debería pedir más tiempo</u>? Tiene tiempo ahora para arrepentirse. Puede volverse de sus pecados en este mismo momento, si en verdad lo desea. Dios dice:

> *"Porque no quiero la muerte del que muere, dice Jehová el Señor; convertíos, pues, y viviréis"* (Ezequiel 18:32).

Jesús dijo:

> *"No he venido a llamar a justos, sino a pecadores"* (Marcos 2:17).

¿Usted es pecador? Entonces el llamado al arrepentimiento se dirige a usted. Tome su lugar a los pies del Salvador, y reconozca su culpa. Diga, como el publicano:

> *"Dios, sé propicio a mí, pecador"* (Lucas 18:13).

Y vea cuán pronto Él lo perdonará y bendecirá. Aún lo justificará y lo considerará recto por los méritos de la justicia de Aquel que llevó sus pecados sobre su propio cuerpo en la cruz.

Hay algunos quizás que se creen justos, y por ello no ven la necesidad de arrepentirse y creer en el evangelio. Son como el fariseo en la parábola, que le agradecía a Dios por no ser como los otros hombres, *"ladrones, injustos, adúlteros, ni aun como este publicano"* (Lucas 18:11). Y se jactaba de poder decir: *"Ayuno dos veces a la semana, doy diezmos de todo lo que gano"* (Lucas 18:12). ¿Cuál es el juicio para esas personas justas en su propia opinión?

"Os digo que éste [el publicano pobre, contrito y arrepentido] *descendió a su casa justificado antes que el otro"* (Lucas 18:14).

"No hay justo, ni aun uno (…) por cuanto todos pecaron, y están destituidos de la gloria de Dios" (Romanos 3:10, 23).

Que nadie diga que no tiene necesidad de arrepentirse. Que cada uno tome su lugar: el de un pecador. Luego Dios lo levantará hacia el lugar del perdón y la justificación.

"Porque cualquiera que se enaltece, será humillado; y el que se humilla, será enaltecido" (Lucas 14:11).

Donde Dios ve verdadero arrepentimiento en el corazón, bendice esa alma.

7

Seguridad de
salvación

"Estas cosas os he escrito a vosotros
que creéis en el nombre del Hijo de
Dios, para que sepáis que tenéis vida
eterna, y para que creáis en el nombre
del Hijo de Dios" (1 Juan 5:13).

Algunos preguntarán:

– ¿Todo el pueblo de Dios tiene esta seguridad?

No; creo que muchos no la tienen, pero es el privilegio
de cada hijo de Dios tener seguridad de salvación sin sombra de dudas. Ningún hombre es apto para el servicio a

Dios si está lleno de vacilaciones. Si alguien no está seguro de su propia salvación, ¿cómo podrá ayudar a otros a entrar en el reino de Dios? Si estoy en peligro de ahogarme y no sé si llegaré a la orilla, no puedo ayudar a otros. Primero debo pararme sobre la roca sólida y después, desde allí, tender una mano a los demás. Si siendo ciego intento enseñarle a otro cómo hacer para tener la vista, es muy probable que me digan:

– Primero sánate tú, y luego puedes venir a decirnos cómo hacerlo.

Hay dos clases de gente que no puede tener certeza de salvación: primero, los que vienen a la iglesia, pero no están convertidos; no han nacido del Espíritu. Segundo, los que no quieren hacer la voluntad de Dios; aquellos que no están listos para tomar el lugar que Dios les ha preparado, y quieren ocupar otro lugar.

Ninguno que no tenga seguridad de su salvación tendrá tiempo ni disposición para servir a Dios. Pueden hacer hasta un cierto punto: estando ellos mismos cargados con indecisiones, no pueden ayudar a otros a llevar sus cargas. No hay descanso, gozo o paz –ni libertad ni poder– donde habitan la duda y la incertidumbre.

Parece como si hubiera tres tentaciones de Satanás contra las que tenemos que estar atentos. En primer lugar, él moviliza a todo su ejército para mantenernos alejados de Cristo. Luego se dedica a meternos en el "castillo de la duda". Pero si tenemos, a pesar de él, un claro sentido de la persona del Hijo de Dios, él hará todo lo posible por ensuciar nuestra integridad y calumniar nuestro testimonio.

La duda es deshonrosa para Dios

Algunos piensan que es un orgullo tener dudas, pero la duda es deshonrosa para Dios. Si alguien dijera que conoce a una persona desde hace treinta años y aún desconfía de ella, no sería muy creíble. Y cuando hemos conocido a Dios por diez, veinte o treinta años ¿no repercute en su veracidad el hecho que dudemos de Él?

¿Podrían Pablo y los cristianos primitivos haber hecho todo lo que hicieron si hubieran estado llenos de dudas y no hubieran sabido si iban al cielo o el infierno después de haber muerto quemados en la hoguera? Deben haber tenido <u>seguridad</u>.

C. H. Spurgeon dice:

«Nunca he oído de una cigüeña que se encontrara con un abeto y haya puesto reparos a su derecho de construir su nido allí; y tampoco oí de un conejo que cuestionara su permiso de ir a meterse entre las peñas. Porque estas criaturas pronto perecerían si estuvieran siempre dudando y temiendo de si tienen derecho o no de usar lo que la providencia les provee.

«La cigüeña se dice a sí misma: "Ah, allí hay un abeto", y le dice a su compañero: "¿te parece que este sea el nido en que criemos a nuestros hijos?" "Ok" dice él. Y allí mismo comienzan a recolectar materiales y los acomodan. No hay ninguna deliberación: eligen el lugar y traen las ramitas y comienzan a construir allí.

«La cabra salvaje en el peñasco no dice: "¿Tengo derecho de quedarme aquí?" No; puede quedarse en cualquier peñasco que le quede cómodo y brincar sobre él.

«Aún esas calladas criaturas conocen la provisión de su Dios, pero el pecador no la conoce y anda por allí dudando. Se pregunta sutilmente: "¿Puedo?", o "Temo que no es para mí", o "Creo que no puede haber sido hecho para mí", o "Es demasiado bueno para ser verdad".

«Nadie nunca le dijo a la cigüeña: "Cualquiera que edificare su nido aquí no será derribado". Tampoco hubo palabras inspiradas para el conejo: "Cualquiera que se meta en las hendiduras de estas peñas no será jamás echado fuera". Si así hubiera sido, ellos hubieran tenido doble seguridad.

«Y aquí está Cristo, la provisión para los pecadores, justo el Salvador que necesitábamos, y se suman las palabras de aliento; Jesús dijo: *"Al que a mí viene, yo no le echo fuera"* (Juan 6:37) y *"Y el que tiene sed, venga; y el que quiera, tome del agua de la vida gratuitamente"* (Apocalipsis 22:17).

Lo que nos dice Juan

Ahora vayamos a La Palabra. Juan nos dice en su Evangelio lo que Cristo hizo por nosotros aquí en la Tierra. En la epístola, en cambio, nos dice lo que está haciendo por nosotros en el cielo como nuestro Abogado. En el Evangelio hay solo dos capítulos en los que no aparece la palabra "creer" o sus derivados. Salvo estas dos excepciones, cada capítulo de Juan es un ¡crean! ¡crean! ¡¡¡CREAN!!! Nos dice en el 20:31:

> *"Pero éstas se han escrito para que creáis que Jesús es el Cristo, el Hijo de Dios, y para que creyendo, tengáis vida en su nombre".*

Este es el propósito por el cual escribió su Evangelio:

> *"Para que creáis que Jesús es el Cristo, el Hijo de Dios, y para que creyendo, tengáis vida en su nombre".*

Vayamos ahora a Juan 5:13. Allí nos dice por qué escribió su epístola.

> *"Estas cosas os he escrito a vosotros que creéis en el nombre del Hijo de Dios…"*

Note a quién le escribe:

> *"A vosotros que creéis en el nombre del Hijo deDios; para que sepáis que tenéis vida eterna, y para que creáis en el nombre del Hijo de Dios".*

Hay solo cinco breves capítulos en 1 Juan, y la palabra "saber" –o conocer, o cualquiera de sus derivados– se repite más de cuarenta veces. Es un ¡sepan! ¡sepan! ¡¡¡SEPAN!!! La clave aquí es saber, y a través de toda la epístola suena la frase *"para que sepáis que tenéis vida eterna"*.

Hace unos años viajé casi dos mil kilómetros por el Mississippi en la primavera. Cada noche, cuando apenas bajaba el Sol, se veían hombres y a veces mujeres que cabalgaban hasta las orillas del río a cada uno de los lados, en mulas o caballos y a veces a pie, con el solo propósito de encender las luces para el gobierno. Todo a la vera de ese poderoso río había luminares que guiaban a los pilotos en su riesgosa navegación. A nosotros también Dios nos ha dejado luces para decirnos si somos sus hijos o no. Lo que debemos hacer es simplemente considerar las pistas que nos ha dejado.

Cinco cosas que vale la pena saber

En el tercer capítulo de la primera epístola de Juan hay cinco cosas dignas de conocer.

En el versículo 5 leemos lo primero:

"Y sabéis que él apareció para quitar nuestros pecados, y no hay pecado en él" (énfasis mío). No lo que yo he hecho, sino lo que Él ha hecho. ¿Ha fallado en su misión? ¿No fue capaz de hacer aquello para lo que vino? ¿Hubo algún otro enviado del cielo que haya fallado? ¿Y el Hijo de Dios podría fracasar? Él apareció para quitar nuestros pecados.

Nuevamente, en el versículo 19, la segunda cosa importante:

> *"Y en esto <u>conocemos</u> que somos de la
> verdad, y aseguraremos nuestros corazones
> delante de él"* (énfasis mío).

Sabemos que somos de la verdad. Y si la verdad nos hace libres, seremos libres verdaderamente:

> *"Así que, si el Hijo os libertare, seréis
> verdaderamente libres"* (Juan 8:36).

Lo tercero se encuentra en el versículo 14:

> *"Nosotros <u>sabemos</u> que hemos pasado de
> muerte a vida, en que amamos a los
> hermanos"* (énfasis mío).

Al hombre natural no le gusta la gente piadosa desea estar en su compañía.

> *"El que no ama a su hermano permanece en muerte".*

No tiene vida espiritual.

La cuarta verdad está en el versículo 24:

> *"Y el que guarda sus mandamientos, permane-
> ce en Dios, y Dios en él. Y en esto <u>sabemos</u> que*

él permanece en nosotros, por el Espíritu que
nos ha dado" (énfasis mío).

Podemos saber qué Espíritu tenemos si poseemos el Espíritu de Cristo –un Espíritu como el de Él– no el mismo en medida, pero sí el mismo en naturaleza. Si soy sumiso, bondadoso y perdonador, si tengo un espíritu lleno de paz y gozo, si soporto el sufrimiento de buena gana, como el Hijo de Dios, eso es una prueba, y sabremos si tenemos la vida eterna o no.

La quinta cosa que vale la pena saber, y la mejor de todas, es:

"Amados, <u>ahora</u> –note la palabra <u>ahora</u>;
no dice cuando nos muramos– somos hijos
de Dios, y aún no se ha manifestado lo que
hemos de ser; pero <u>sabemos</u> que cuando él se
manifieste, seremos semejantes a él, porque le
veremos tal como él es" (v. 2).

¿Pecan los creyentes?

Pero algunos dirán:

– Bien, creo todo eso, pero he pecado algunas veces desde que me convertí.

¿Habrá un hombre o una mujer sobre la faz de la Tierra que no haya pecado desde que se convirtió? Ni uno.

Nunca ha habido ni nunca habrá un alma en esta Tierra que no haya pecado, o que no vaya a pecar en algún tiempo de su vida cristiana. Pero Dios ha hecho provisión para los pecados de los creyentes. A nosotros no nos toca ocuparnos de eso; pero a Dios sí. Téngalo en cuenta.

Vayamos a 1 Juan 2:1:

"Hijitos míos, estas cosas os escribo para que no
pequéis; y si alguno hubiere pecado, abogado tenemos
para con el Padre, a Jesucristo el justo".

Aquí le está escribiendo a los justos: *"Si alguno hubiere pecado, abogado tenemos* –Juan se incluye– *para con el Padre, a Jesucristo el justo"*. ¡Qué Abogado! Él cuida nuestros intereses en el mejor lugar: el trono de Dios. Dijo: *"Pero yo os digo la verdad: Os conviene que yo me vaya"* (Juan 16:7). Se fue para convertirse en nuestro Sumo Sacerdote y Abogado. Tiene algunos casos difíciles para defender, pero nunca ha perdido uno, y si usted le confía sus intereses eternos, Él:

"Es poderoso para guardaros sin caída, y
presentaros sin mancha delante de su gloria
con gran alegría" (Judas 24).

Todos los pecados pasados son perdonados

Los pecados pasados de los cristianos son todos perdonados tan pronto como los confiesa, y nunca más deben ser mencionados. Esa es una causa cerrada que no debe abrirse de nuevo. Si nuestros pecados han sido alejados de nosotros, se terminó. No deben ser recordados y Dios no los mencionará nunca más. Es muy sencillo. Suponga que yo tengo un hijo que, cuando me ausento de casa, hace algo malo. Cuando regreso, se cuelga de mi cuello y dice:

– Papá, hice lo que me dijiste que no hiciera. Lo siento. ¿Me perdonas?

Yo le respondo:

– Por supuesto, hijo –y le doy un beso.

Él se seca las lágrimas y se va alegre.

Pero al día siguiente vuelve y dice:

Papá, quisiera que me perdonaras por lo malo que hice ayer.

Yo diría:

– Pero hijo, eso ya está arreglado, y no quiero que vuelvas a mencionarlo.

– Pero deseo que me perdones, me ayudaría si te escucho decir "te perdono".

¿No sería triste escuchar eso? ¿No me lastimaría el hecho de que mi hijo dude de mi perdón? Pero para dejarlo tranquilo le digo:

– Te perdono, hijo mío.

Pero si, al día siguiente, él viniera nuevamente trayendo a luz ese pecado y pidiendo perdón, ¿no me lastimaría profundamente el corazón? Del mismo modo, querido lector, si Dios nos ha perdonado, nunca más volvamos a mencionarle el pecado. Olvidemos lo que queda atrás y alcancemos las cosas que están por delante, el premio del supremo llamamiento en Cristo Jesús. Suelte los pecados del pasado, porque:

"Si confesamos nuestros pecados, él es fiel y justo
para perdonar nuestros pecados, y limpiarnos de
toda maldad" (1 Juan 1:9).

Déjeme decirle que este principio es válido también en las cortes de justicia. Un caso salió a luz en los tribunales de un país –no diré dónde– en que un hombre y su esposa tenían un problema, pero él la perdonó. Después que todo hubo terminado, él otra vez la llevó a la corte. Y cuando se supo que anteriormente la había perdonado, el juez declaró que el asunto ya estaba arreglado. El magistrado reconoció el principio de que si un pecado era perdonado, estaba terminado. ¿Y usted piensa que el Juez de toda la Tierra lo perdonará a usted y a mí, y luego sacará el asunto a luz nuevamente?

Nuestros pecados se fueron para siempre si Dios nos perdonó; y lo que debemos hacer es confesar y olvidar.

Cómo saber si es hijo de Dios

En 2 Corintios 13:5 dice:

> *"Examinaos a vosotros mismos si estáis*
> *en la fe; probaos a vosotros mismos. ¿O*
> *no os conocéis a vosotros mismos, que*
> *Jesucristo está en vosotros, a menos que*
> *estéis reprobados?"*

Ahora examinémonos. Examine su religión: póngala a prueba. ¿Puede perdonar a sus enemigos? Esa es una buena manera de saber si es un hijo de Dios. ¿Puede perdonar un daño o soportar una afrenta, como Cristo lo hizo? ¿Puede ser criticado por hacer el bien, y aún así no murmurar? ¿Puede ser mal interpretado y mal juzgado, y todavía retener el espíritu cristiano?

Otra buena prueba es leer Gálatas 5, y fijarnos si tenemos los frutos del Espíritu:

> *"Mas el fruto del Espíritu es amor, gozo, paz,*
> *paciencia, benignidad, bondad, fe, mansedumbre,*
> *templanza; contra tales cosas no hay ley".*

Si tenemos los frutos del Espíritu, es porque debemos tener al Espíritu. No puedo tener los frutos sin el Espíritu, tanto como no puede haber una naranja sin haber un naranjo. Y Cristo dice:

"Por sus frutos los conoceréis" (Mateo 7:16).

"Porque por el fruto se conoce el árbol"
(Mateo 12:33).

Si el árbol es bueno, el fruto también será bueno. La única manera de tener el fruto es teniendo al Espíritu. Esta es la manera de examinarnos a nosotros mismos si somos hijos de Dios.

Luego hay otro pasaje muy llamativo. En Romanos 8:9:

"Y si alguno no tiene el Espíritu de Cristo, no es de él".

Eso es lo verdaderamente necesario, aunque uno haya pasado por todas las formas externas que algunos consideran necesarias para constituirse en un miembro de iglesia. Ser aceptado como miembro de una iglesia no es prueba suficiente de que usted ha nacido del Espíritu y que es una nueva criatura en Cristo Jesús.

Crecer en la gracia

Pero aunque haya nacido de nuevo, lleva tiempo convertirse en un cristiano maduro espiritualmente. La justificación es instantánea, pero la santificación lleva toda la vida. Debemos crecer en sabiduría. Pedro dice al respecto:

> *"Creced en la gracia y el conocimiento de*
> *nuestro Señor y Salvador Jesucristo"*
> (2 Pedro 3:18).

Y también en el primer capítulo de la misma epístola:

> *"Añadid a vuestra fe virtud; a la virtud,*
> *conocimiento; al conocimiento, dominio*
> *propio; al dominio propio, paciencia; a la*
> *paciencia, piedad; a la piedad, afecto*
> *fraternal; y al afecto fraternal, amor. Porque si*
> *estas cosas están en vosotros, y abundan, no os*
> *dejarán estar ociosos ni sin fruto en cuanto al*
> *conocimiento de nuestro Señor Jesucristo".*

Entonces tenemos que agregarle gracia a la gracia. Un árbol puede ser perfecto en su primer año de crecimiento, pero lo mismo no se aplica a su madurez. De igual manera es con el cristiano: puede ser un verdadero hijo de Dios, pero no un cristiano maduro. Romanos 8 dice algo importante en este aspecto, y deberíamos estar bien familiarizados con el pasaje. En el versículo 14 el apóstol dice:

> *"Porque todos los que son guiados por el*
> *Espíritu de Dios, éstos son hijos de Dios".*

Tal como un soldado es guiado por su capitán, el alumno por su maestro o un turista por su guía, igualmente el Espíritu Santo será la guía de todo verdadero hijo de Dios.

Las enseñanzas de Pablo sobre la seguridad

Ahora permítame llamar su atención hacia otra verdad.
Toda la enseñanza de Pablo en casi todas sus epístolas, se
centra en el tema de la seguridad. Dice en 2 Corintios 5:1:

> *"Porque sabemos que si nuestra morada*
> *terrestre, este tabernáculo, se deshiciere,*
> *tenemos de Dios un edificio, una casa no*
> *hecha de manos, eterna, en los cielos".*

Dios tiene la escritura de cada una de las casas de arriba, y su siervo dice: lo sabemos. El apóstol no vivía en
incertidumbre. Dijo:

> *"Teniendo deseo de partir y estar con Cristo"*
> (Filipenses 1:23).

Si hubiera estado inseguro no hubiera dicho eso.
También en Colosenses 3:4 expresa:

> *"Cuando Cristo, vuestra vida, se manifieste, entonces*
> *vosotros también seréis manifestados con él en gloria".*

Me dijeron que la lápida del Dr. Watts reza esa misma
frase de Las Escrituras. Tampoco había duda en él. Ahora
veamos qué dice Colosenses 1:12-13:

> *"Dando gracias al Padre que nos hizo*
> *aptos para participar de la herencia de los*

santos en luz; el cual nos ha librado de
la potestad de las tinieblas, y trasladado al
reino de su amado Hijo".

Tres "nos ha":

Nos ha hecho aptos.

Nos ha librado.

Nos ha trasladado.

No dice que nos va a hacer aptos, que nos va a librar y que nos va a trasladar. En el versículo catorce vemos que Él es:

"En quien tenemos redención por su sangre, el
perdón de pecados".

O somos perdonados o no lo somos; no debemos darnos tregua hasta que no hayamos entrado en el Reino de Dios, hasta que podamos mirar hacia lo alto y decir:

"Porque sabemos que si nuestra morada terrestre, este
tabernáculo, se deshiciere, tenemos de Dios un edificio,
una casa no hecha de manos, eterna, en los cielos"
(2 Corintios 5:1).

Mire lo que dice Romanos 8:32:

"El que no escatimó ni a su propio Hijo, sino
que lo entregó por todos nosotros, ¿cómo no
nos dará también con él todas las cosas?"

Si nos dio a su Hijo, ¿no nos dará la certeza de que Él es nuestro? Escuché esta ilustración una vez. Había un hombre que debía diez mil dólares y estaba a punto de quebrar, pero un amigo vino y pagó la suma de su deuda. Luego se descubrió que debía unos pocos dólares más, pero ni por un momento dudó que si su amigo había pagado una suma tan grande, también le ayudaría con la pequeña.

Y nosotros tenemos la garantía de que si Él nos ha dado su Hijo, Él *"nos dará también con él todas las cosas"*, y si necesitamos asegurarnos de nuestra salvación ante toda disputa, Él no nos dejará en la oscuridad en este aspecto. Y desde el versículo 33 al 39 continúa diciendo:

"¿Quién acusará a los escogidos de Dios?
Dios es el que justifica. ¿Quién es el que
condenará? Cristo es el que murió; más aun,
el que también resucitó, el que además está a
la diestra de Dios, el que también intercede
por nosotros. ¿Quién nos separará del amor de
Cristo? ¿Tribulación, o angustia, o persecución,
o hambre, o desnudez, o peligro, o espada?
Como está escrito: Por causa de ti somos
muertos todo el tiempo; somos contados como
ovejas de matadero. Antes, en todas estas cosas
somos más que vencedores por medio de aquel
que nos amó. Por lo cual estoy seguro de que
ni la muerte, ni la vida, ni ángeles, ni
principados, ni potestades, ni lo presente, ni

> *lo por venir, ni lo alto, ni lo profundo, ni*
> *ninguna otra cosa creada nos podrá*
> *separar del amor de Dios, que es en Cristo*
> *Jesús Señor nuestro".*

Asegurarse es tener certidumbre

Hay seguridad para usted. "Yo sé"; ¿cree que el Dios que me ha justificado me condenará? Sería bastante absurdo. Dios va a salvarnos, de modo que ni los hombres, ni los ángeles, ni los demonios, puedan acusarnos de nada. Él hace la obra completa. Job vivió en una hora más oscura que la nuestra, pero vemos que en Job 19:25 declaró:

> *"Yo sé que mi Redentor vive, y al fin se*
> *levantará sobre el polvo".*

La misma confianza se aprecia en las últimas palabras de Pablo a Timoteo:

> *"Por lo cual asimismo padezco esto;*
> *pero no me avergüenzo, porque yo sé a quién*
> *he creído, y estoy seguro que es poderoso para*
> *guardar mi depósito para aquel día"*
> (2 Timoteo 1:12).

No se perciben dudas aquí, sino certeza. "Sé." "Estoy persuadido." La palabra "esperanza" no se usa en La Biblia para expresar dudas, sino para referirse a la Segunda Venida de Cristo o a la resurrección del cuerpo.

No decimos que "esperamos" ser cristianos. Yo no digo que "espero" ser estadounidense o que "espero" ser un hombre casado. Son cosas que ya están establecidas. Puedo decir, en cambio, que "espero" regresar a mi hogar, o que "espero" asistir a una reunión. Yo no digo que "espero" venir a este país, porque ya estoy aquí. Al igual, si somos nacidos de Dios lo sabemos; y Él no nos dejará en tinieblas si escudriñamos en Las Escrituras.

Cristo enseñó esta doctrina a los setenta discípulos cuando ellos volvieron regocijándose por el éxito obtenido y diciendo:

"Señor, aun los demonios se nos sujetan en tu nombre".

El Señor parecía probarlos, y les dijo que les daría algo en qué regocijarse.

> *"Pero no os regocijéis de que los espíritus se*
> *os sujetan, sino regocijaos de que vuestros*
> *nombres están escritos en los cielos"*
> (Lucas 10:20).

Nuestra salvación es segura

Es el privilegio de cada uno de nosotros saber, sin lugar a dudas, que nuestra salvación es segura. Luego podemos ayudar a otros. Pero si tenemos temor acerca de nuestra propia salvación, no somos aptos para el servicio a Dios. Otro pasaje que confirma esto es Juan 5:24:

> *"De cierto, de cierto os digo: El que oye mi*
> *palabra, y cree al que me envió, tiene vida*
> *eterna; y no vendrá a condenación, mas ha*
> *pasado de muerte a vida".*

Algunos dicen que nunca sabremos si hemos sido salvos o no, hasta que estemos ante el gran trono blanco. Pero, querido amigo, si su vida está escondida con Cristo en Dios, usted no va a ser llevado a juicio por sus pecados. Vamos a ser juzgados para ser recompensados. Está claramente enseñado en el pasaje en que el señor le dio a su siervo cinco talentos, y él trajo otros cinco diciendo:

> *"Y llegando el que había recibido cinco*
> *talentos, trajo otros cinco talentos, diciendo:*
> *Señor, cinco talentos me entregaste; aquí*
> *tienes, he ganado otros cinco talentos sobre*
> *ellos. Y su señor le dijo: Bien, buen siervo y*
> *fiel; sobre poco has sido fiel, sobre mucho te*
> *pondré; entra en el gozo de tu señor"*
> (Mateo 5:20-21).

Seremos juzgados por nuestra mayordomía. Eso es una cosa; pero la salvación y la vida eterna son otra.

Nuestra salvación es segura

¿Dios demandará que una deuda –la que Cristo saldó– sea pagada dos veces? Si Cristo llevó mis pecados en su cuerpo sobre el madero, ¿tendré que responder yo por mis pecados también? Isaías nos enseña que:

"Mas él herido fue por nuestras rebeliones,
molido por nuestros pecados; el castigo de
nuestra paz fue sobre él, y por su llaga fuimos
nosotros curados" (Isaías 53:5).

En Romanos 4:25 vemos que Él:

"Fue entregado por nuestras transgresiones, y
resucitado para nuestra justificación".

Creamos y apropiémonos del beneficio de su obra acabada. En Juan 10:9 Jesús declara:

"Yo soy la puerta; el que por mí entrare, será
salvo; y entrará, y saldrá, y hallará pastos".

Y continúa diciendo a partir del versículo 27:

"Mis ovejas oyen mi voz, y yo las conozco,
y me siguen, y yo les doy vida eterna; y no
perecerán jamás, ni nadie las arrebatará de
mi mano. Mi Padre que me las dio, es mayor
que todos, y nadie las puede arrebatar de la
mano de mi Padre".

¡Piense en eso! El Padre, el Hijo y el Espíritu Santo están comprometidos a cuidarnos. Vea que no es solo el Padre, ni solo el Hijo, sino las tres personas del Trino Dios.

Buscar pruebas

Mucha gente dice que quieren alguna muestra además de La Palabra de Dios. Ese hábito siempre trae dudas. Si le prometo a alguien encontrarme con él a una cierta hora en un lugar, y esa persona me pidiera el reloj como garantía de mi sinceridad, eso sería una bofetada a mi honor. No debemos cuestionar lo que Dios ha dicho: Él ha hecho declaración tras declaración y multiplicado ilustración sobre ilustración. Cristo dice:

"Yo soy la puerta; el que por mí entrare,
será salvo" (Juan 10:9).

"Yo soy el buen pastor; y conozco mis
ovejas, y las mías me conocen"
(Juan 10:14).

"Yo soy la luz del mundo; el que me sigue,
no andará en tinieblas, sino que tendrá la
luz de la vida" (Juan 8:12).

"Yo soy (…) la verdad": recíbalo y tendrá la verdad, porque Él es la encarnación de la verdad (Juan 14:6).

¿Quiere conocer el camino? *"Yo soy el camino"*: sígalo y Él lo llevará al Reino (Juan 14:6).

¿Está hambriento de justicia? *"Yo soy el pan de vida"*: si come de Él no volverá a tener hambre.

"Yo soy el agua viva": si bebe de esta agua habrá dentro de usted *"una fuente de agua que salte para vida eterna"* (Apocalipsis 21:6; Juan 4:14).

> *"Yo soy la resurrección y la vida; el que cree en*
> *mí, aunque esté muerto, vivirá. Y todo aquel*
> *que vive y cree en mí, no morirá eternamente"*
> (Juan 11:25-26).

Permítame recordarle de dónde vienen nuestras dudas. Una gran cantidad de hijos de Dios nunca se ven a sí mismos de otra manera que siendo siervos. Él nos llama "amigos".

> *"Vosotros sois mis amigos, si hacéis lo que yo*
> *os mando"* (Juan 15:14).

Si usted mira una casa, pronto notará la diferencia entre un hijo y un siervo. El hijo anda con plena libertad por toda la casa: es su hogar. Pero el siervo tiene un lugar de subordinación. Lo que queremos es ser algo más que siervos. Debemos ser conscientes de nuestra posición en Dios, como hijos o hijas. Él no "deshijará" a sus hijos. Dios no solo nos ha adoptado, sino que somos suyos por nacimiento: hemos nacido en su Reino. Mi hijo era tan hijo mío cuando tenía unos días como ahora que tiene catorce años. Él era <u>mi</u> *hijo*, aunque no supiéramos en lo que iba a convertirse cuando fuera adulto. Él es mío, aunque tuviera que sufrir la cárcel y ser derivado al cuidado de tutores del gobierno.

Otro origen de donde las dudas pueden provenir, es el mirarnos a nosotros mismos. Si quiere ser perturbado y miserable, lleno de dudas de la mañana a la noche, entonces mírese a sí mismo.

> *"Tú guardarás en completa paz a aquel cuyo pensamiento en ti persevera; porque en ti ha confiado"* (Isaías 26:3).

Muchos hijos de Dios pierden el gozo porque pasan demasiado tiempo mirándose a sí mismos.

Tres formas de mirar

Alguien dijo: "Hay tres formas de mirar. Si quiere sentirse infeliz, mire hacia adentro. Si quiere ser distraído, mire hacia afuera. Pero si quiere tener paz, entonces mire hacia arriba".

> *"Pero al ver el fuerte viento, tuvo miedo; y comenzando a hundirse, dio voces, diciendo: ¡Señor, sálvame! Al momento Jesús, extendiendo la mano, asió de él, y le dijo: ¡Hombre de poca fe! ¿Por qué dudaste?"* (Mateo 14:30-31).

Él tenía la palabra del Señor, que es el asidero más firme, más fuerte que el mármol, que el granito o que el hierro, pero en el mismo momento en que quitó los ojos de Cristo comenzó a hundirse. Aquellos que miran alrededor no pueden darse cuenta cuán inestable y deshonroso es su andar. Queremos mirar fijamente al *"autor y consu-mador de nuestra fe"* (Hebreos 12:2).

Cuando yo era un niño, la única manera en que podía hacer una huella derecha sobre la nieve, era mirando fijo a un árbol o algún objeto delante de mí. En el momento en que quitaba mi mirada de esa marca puesta por delante, andaba en zigzag. Es solo cuando miramos fijamente a Cristo que encontramos perfecta paz. Después de levantarse de entre los muertos, el Señor les mostró a los discípulos sus manos y sus pies.

"Mirad mis manos y mis pies, que yo mismo soy; palpad, y ved; porque un espíritu no tiene carne ni huesos, como veis que yo tengo"
(Lucas 24:29).

Ese era el fundamento de la paz de los discípulos. Si quiere sacarse las dudas, mire la sangre; si quiere aumentarlas, mírese a sí mismo. Tendrá dudas acumuladas lo suficiente para entretenerse durante días. De nuevo: mire quién es Él y lo que ha hecho, no quién es usted y sus propias obras. Esa es la manera de obtener paz y descanso.

La proclamación de Abraham Lincoln

Abraham Lincoln lanzó una proclamación: declaró la emancipación de tres millones de esclavos en los Estados Unidos. Un cierto día todas las cadenas cayeron y fueron hechos libres. La proclamación se clavó en los árboles y cercas por doquiera que el ejército del norte marchaba. Muchos esclavos no sabían leer, pero otros les leían la proclamación, y la mayoría de ellos la creía. Un cierto día un clamor de alegría se levantó y sonó en los aires: "¡Somos libres!" Algunos no lo creyeron, y se quedaron con sus amos, pero eso no alteraba el hecho de que ahora eran libres.

Cristo, el capitán de nuestra salvación, ha proclamado libertad a todos aquellos que tienen fe en Él. Tomemos su Palabra al pie de la letra. Los sentimientos no podrían haber hecho libres a los esclavos. El poder debía venir de afuera. Mirarnos a nosotros no nos hará libres, sino mirar a Cristo con los ojos de la fe logrará nuestra salvación.

El obispo Ryle ha dicho acertadamente:

«La fe es la raíz, y la seguridad es la flor. Sin dudas, nunca habrá una flor si no hay una raíz; pero a la vez es cierto que usted puede tener una raíz y no tener flores. Fe es esa pobre y temblorosa mujer que vino tras Jesús entre la multitud y tocó el borde de su manto (Marcos 5:27).

«Confianza es Esteban de pie, sereno, ante sus asesinos, diciendo: *"Veo los cielos abiertos, y al Hijo del Hombre que está a la diestra de Dios"* (Hechos 7:56).

«Fe es el ladrón penitente que exclamó: *"Señor, acuérdate de mí"* (Lucas 23:42).

«Seguridad es Job sentado sobre el polvo, cubierto de llagas, y diciendo: *"Yo sé que mi Redentor vive"* y *"aunque él me matare, en él esperaré"* (Job 19:25; 13:15).

«Fe es el clamor de Pedro mientras se hundía: *"Señor, sálvame"* (Mateo 14:30).

«Certidumbre es ese mismo Pedro declarando valientemente ante el concilio, en tiempos posteriores: *"Este Jesús es la piedra reprobada por vosotros los edificadores, la cual ha venido a ser cabeza del ángulo. Y en ningún otro hay salvación; porque no hay otro nombre bajo el cielo, dado a los hombres, en que podamos ser salvos"* (Hechos 4:11-12).

«Fe es la voz ansiosa, temblorosa: *"Señor, creo; ayuda mi incredulidad"* (Marcos 9:24). Seguridad es estar confiado ante el desafío: *"¿Quién acusará a los escogidos de Dios? Dios es el que justifica. ¿Quién es el que condenará?"* (Romanos 8:33-34).

«Convicción es Pablo orando en la casa de Judas, en Damasco, triste, ciego y solo: *"Y el Señor le dijo: Levántate, y ve a la calle que se llama Derecha, y busca en casa de Judas a uno llamado Saulo, de Tarso; porque he aquí, él ora"* (Hechos 9:11). Certidumbre es Pablo, el anciano prisionero, mirando serenamente a la tumba y diciendo: *"Porque yo sé a quién he creído"* y *"me está guardada la corona de justicia"* (2 Timoteo 1:12; 4:8).[1]

---

[1] *Seguridad*, por el Obispo Ryle. 7ma. edición, pp. 15-16.

Otro escritor dijo: "He visto árboles y arbustos crecer de las rocas, y colgar de temibles precipicios, cataratas rugientes y corrientes de aguas profundas, pero mantener su posición y desarrollar su follaje como si estuvieran en el más espeso de los bosques". Ha sido su agarre de la roca lo que los hacía estar seguros, y la influencia de la naturaleza lo que sustentaba su vida.

Así también, los creyentes son expuestos a veces a los más horribles peligros en su peregrinaje al cielo, pero mientras estén *"arraigados y cimentados"* (Efesios 3:17) en la Roca de los siglos, estarán perfectamente seguros. Sostenerse de Él es su garantía, y las bendiciones de su gracia les proveen vida y sustento. Y como las únicas causas de separación pueden ser la muerte del árbol o la caída de la roca, así también las causas de que la fuerte unión espiritual pueda ser disuelta serían la muerte espiritual del creyente o el desmoronamiento de la roca.

Cristo, el todo y en todos

> **"Donde no hay griego ni judío,
> circuncisión ni incircuncisión,
> bárbaro ni escita, siervo ni libre, sino
> que Cristo es el todo, y en todos"**
> **(Colosenses 3:11).**

C risto es para nosotros <u>todo</u> lo que le permitimos ser. Quiero enfatizar esta palabra: "todo". Algunos hombres lo hacen ser *"como raíz de tierra seca (…) sin atractivo"* (Isaías 53:2). No significa nada para ellos, no lo desean. Algunos cristianos tienen un Salvador muy pequeño, porque no le dejan hacer cosas grandes y poderosas para ellos. Otros tienen un Salvador poderoso, porque le permiten ser grande y portentoso.

Un Salvador del pecado

Si supiéramos lo que Cristo quiere ser para nosotros, primeramente lo conoceríamos a Él como el Salvador de nuestros pecados. Cuando el ángel descendió de los cielos para proclamar que Él iba a venir al mundo, recordará que dio su nombre: *"Y llamarás su nombre Jesús, porque él salvará a su pueblo de sus pecados"* (Mateo 1:21). ¿Hemos, nosotros, sido librados de nuestros pecados? Él no vino a salvarnos en nuestros pecados, sino de nuestros pecados.

Ahora bien, hay tres maneras de conocer a un hombre. A algunos se los conoce de oídas; a otros los conocemos de haber sido presentados nada más que una vez, los conocemos muy superficialmente, y a otros los conocemos íntimamente. Entonces creo que hoy también hay tres clases de personas en la iglesia cristiana y fuera de ella: aquellos que conocen a Cristo solo por haber oído o leído de Él –los que tienen un Cristo histórico, podríamos decir–; también los que están familiarizados con Él porque van a la iglesia y, por último, los que tienen sed de Él, como Pablo, de *"conocerle, y al poder de su resurrección"* (Filipenses 3:10). Cuanto más lo conocemos, más lo amamos y mejor le servimos.

Miremos al que cuelga de la cruz, y veamos cómo se ha llevado nuestros pecados. Él manifestó que nos limpiaría de nuestras trasgresiones, y si realmente lo conocemos debemos, primero que nada, verlo como el Salvador de nuestros pecados. Seguramente recordará cómo los ángeles les hablaron a los pastores en las llanuras de Belén:

"No temáis; porque he aquí os doy nuevas de gran
gozo, que será para todo el pueblo: que os ha
nacido hoy, en la ciudad de David, un Salvador,
que es Cristo el Señor" (Lucas 2:10-11).

Pero si vuelve a Isaías, setecientos años antes del nacimiento de Cristo, hallará estas palabras:

"Yo, yo Jehová, y fuera de mí no hay quien
salve" (Isaías 43:11).

Y en 1 Juan 4:14 leemos:

"Y nosotros hemos visto y testificamos
que el Padre ha enviado al Hijo, el Salvador
del mundo".

Todas las religiones paganas le enseñan al hombre a hacer su camino hacia Dios, pero la religión de Jesucristo se trata de Dios viniendo al hombre para salvarlo, para levantarlo del hoyo del pecado. En Lucas 19:10 vemos que Cristo le declaró a la gente el propósito de su venida:

"Porque el Hijo del Hombre vino a buscar y a
salvar lo que se había perdido".

Entonces todo empieza en la cruz y no en la cuna.
Cristo ha abierto un camino vivo hacia el Padre. Él ha quitado todos los obstáculos, para que cada hombre que reci-
ba a Cristo como su Salvador pueda alcanzar liberación del
pecado.

Cristo es más que un Salvador

Pero Cristo no es solo un Salvador. Yo puedo salvar a
un hombre de ahogarse y rescatarlo de una muerte precoz,
pero probablemente no pueda hacer más que eso por él.
Cristo es algo más que un Salvador. Cuando los hijos de
Israel pusieron la sangre como señal, la sangre fue su salvación; pero todavía estaría oyéndose el ruido de los lati-
gazos sobre sus espaldas si no hubieran sido librados del
yugo de esclavitud: allí fue Dios quien los libró de la mano
de Faraón, el rey de Egipto.

No simpatizo con la idea de que Dios viene a salvarnos
y luego nos deja en esclavitud, cautivos del pecado que
nos asedia. No; Él ha venido para liberarnos y darnos victoria sobre nuestro mal temperamento, nuestras pasiones y
deseos lujuriosos. ¿Es usted un cristiano profesante, pero a
la vez esclavo de algunos pecados que lo persiguen? Si
quiere obtener victoria sobre ese problema de carácter o
sobre esa codicia, prosiga en conocer a Cristo más íntimamente.

La liberación que Él nos trae es sobre el pasado, presente y futuro:

*"El cual nos libró, y nos libra, y en quien
esperamos que aún nos librará, de tan gran
muerte"* (2 Corintios1:10).

Cuando el cielo se pone negro

Cuán a menudo, como los hijos de Israel cuando llegaron al Mar Rojo, nos desanimamos porque todo se pone
negro ante nosotros, por detrás y a nuestro alrededor, y no
sabemos qué camino tomar. Al igual que Pedro hemos
dicho: *"¿A quién iremos?"* (Juan 6:68). Pero Dios se hizo
presente para nuestra liberación. Él nos ha hecho cruzar el
Mar Rojo y atravesar el desierto, ha abierto un camino para
que entremos a la tierra prometida. Pero Cristo no es solo
un Libertador: también es nuestro Redentor. Eso es algo
más que ser un Salvador. Significa que nos ha comprado.

*"De balde fuisteis vendidos; por tanto, sin
dinero seréis rescatados"* (Isaías 52:3).

*"Fuisteis rescatados de vuestra vana manera
de vivir (…) no con cosas corruptibles, como
oro o plata"* (1 Pedro 1:18).

Si el oro habría podido redimirnos, ¿no habría creado
Dios diez mil mundos llenos de oro?

Cuando Dios redimió a los hijos de Israel del yugo de
Egipto, y los llevó por el Mar Rojo, ellos se pusieron en
marcha hacia el desierto, y allí Dios se convirtió en su guía.

Agradezco tanto que Dios no nos haya dejado en la oscuridad. No hay un ser viviente que no haya andado a tientas en la oscuridad sin conocer el camino. *"Yo soy el camino"*, dijo Cristo. Si seguimos a Cristo estaremos en el camino correcto y tendremos la doctrina más segura. ¿Quién más podría haber guiado a los hijos de Israel por el desierto como lo hizo el Dios Todopoderoso?

Él conocía los obstáculos y los peligros del camino, y los dirigió por todo su viaje hasta entrar en la tierra prometida. Es cierto que si no hubiera sido por su incredulidad, ellos habrían cruzado hacia la tierra prometida en Cades-Barnea, y tomado posesión de ella. Pero desearon algo más que la palabra de Dios, entonces tuvieron que dar vueltas y vagar por el desierto durante cuarenta años. Creo que hay miles de hijos de Dios vagando en el desierto todavía. El Señor los ha librado de la mano del egipcio, y los habría llevado directamente desde el desierto a su tierra prometida, si solo se decidieran a seguir a Cristo. Cristo ha descendido, ha allanado los lugares altos, iluminado los lugares oscuros y enderezado los torcidos. Si solo lo dejáramos guiarnos y lo siguiéramos a Él, todo sería paz, gozo y descanso.

Marcar el camino

En los bosques de frontera, cuando un hombre sale de caza se lleva una pequeña hacha de mano, y va cortando algunas ramas y quitando pedacitos de corteza de los troncos de los árboles a su paso: marca el camino. Lo hace para poder conocer el camino de regreso, ya que no hay senderos en esos bosques espesos. Cristo ha venido a esta tierra y ha "marcado el camino". Ahora está en los cielos y, si lo seguimos, estaremos yendo por la buena senda. Le diré cómo saber si sigue a Cristo o no. Si alguien lo ha calumniado, o juzgado erróneamente, ¿usted lo trata como el Maestro lo hubiera hecho? Si no trata con estas cosas con un espíritu amoroso y perdonador, todas las iglesias y ministros en el mundo no podrán hacerlo bueno.

"Y si alguno no tiene el Espíritu de Cristo, no es de él" (Romanos 8:9).

"De modo que si alguno está en Cristo, nueva criatura es; las cosas viejas pasaron; he aquí todas son hechas nuevas" (2 Corintios 5:17).

Cristo no es solo el camino: es la luz sobre el camino. Dice: *"Yo soy la luz del mundo"* (Juan 8:12; 9:5; 12:46). Y continúa diciendo: *"Aquel que me siga no andará en tinieblas, sino que tendrá la luz de la vida"*. Es imposible que un hombre o una mujer que sigue a Cristo anden en tinieblas, a tientas en la neblina y el rocío de la tierra. Permítame decirle que es porque se ha apartado de la luz verdadera. Nada más que la luz desplazará a las tinieblas.

Aquellos que andan en oscuridad espiritual deben recibir a Jesús en sus corazones: Él es la luz. Recuerdo que tenía un cuadro que solía mirar y pensar en él por largo rato; pero ahora no lo pondría en las paredes de mi casa por nada del mundo, excepto que pasara delante de ella mirando hacia otro lado. Representa a Cristo parado en la puerta, golpeando y con una gran linterna en su mano. Sería preferible colgar una linterna del sol que ponerla en las manos de Cristo. Él es el Sol de justicia y es nuestro privilegio andar a la luz de un Sol sin una nube.

Tratar de agarrar su propia sombra

Mucha gente anda desesperada buscando paz, gozo y esperanza. En ningún lado encontraremos esas cosas. Si recibimos a Jesús en el corazón, ellas vendrán por sí mismas. Recuerdo que, cuando era niño, jugaba en vano a tratar de agarrar mi sombra. Un día estaba caminando con mi rostro hacia el Sol, y cuando me di vuelta vi que mi sombra me seguía. Cuanto más rápido caminaba, más rápido ella venía tras de mí. No podía deshacerme de ella. Así también, cuando nuestros rostros miran al Sol de justicia, la paz y el gozo nos seguirán de seguro.

Un hombre me dijo hace algún tiempo:

— Moody, ¿cómo se siente?

Hacía tanto tiempo que no pensaba en mis sentimientos que tuve que detenerme y meditar por un momento. Hay gente que se la pasa pensando en sus sentimientos, y porque no se sienten del todo bien, creen que el gozo se ha ido por completo. Si mantenemos nuestra mirada en

Cristo y estamos ocupados en Él, seremos levantados de la oscuridad y pesadumbre que a veces nos persiguen en el camino.

Recuerdo haber estado en una reunión luego de que la guerra de rebelión estallara. La guerra ya llevaba seis meses. El ejército del norte había sido derrotado en Bull Run. De hecho, no teníamos más que derrotas, y parecía que la República se había roto en mil pedazos. Así que todos estábamos tristes y desanimados. En esta reunión, cada uno de los oradores parecía haber "colgado los guantes", y fue una de las reuniones más sombrías a que haya asistido jamás. Finalmente un hombre anciano, con una preciosa cabellera blanca, se levantó y habló. Su rostro brillaba literalmente.

– Jóvenes –exhortó– ustedes no hablan como hijos del Rey. Aunque está oscuro aquí, recuerden que hay luz en algún lugar de la Tierra.

Luego continuó diciendo que aunque hubiera oscuridad sobre todo el globo, igualmente habría luz sobre el trono de Dios.

Remóntese por encima de las nubes

Él nos dijo que provenía del este, donde un amigo le había descrito cómo había estado sobre una montaña, esperando para ver la salida del Sol. Cuando el grupo había casi alcanzado la cima de la montaña, se largó una gran tormenta. Este amigo le dijo al guía:

– Hasta aquí llegué, lléveme de regreso.

El guía sonrió y le respondió:

– Creo que estaremos por encima de la tormenta muy pronto.

Entonces siguieron subiendo, y no pasó mucho tiempo para que llegaran a la parte más alta de la montaña, donde había quietud como en una noche de verano. Abajo en el valle rugía una terrible tempestad; podían verse los relámpagos y oír los truenos, pero todo era paz y serenidad en lo alto de la cima.

– Entonces, mis amigos –continuó el anciano–, aunque todo esté oscuro a su alrededor, suban un poco más y verán cómo la oscuridad huye.

Con frecuencia desde aquel día, cuando me siento inclinado a desanimarme, pienso en esas sabias palabras. Si usted se encuentra en lo profundo del valle, en medio de una densa niebla, suba un poco más, suba más cerca de Cristo y aprenda más de Él.

Recuerde que La Biblia dice que cuando Cristo expiró en la cruz, el mundo quedó a oscuras. Dios envió a su Hijo para ser la Luz del mundo, mas el hombre no amó la luz sino las tinieblas, por causa del pecado. Cuando trataron de apagar esa luz, ¿qué les dijo Cristo a sus discípulos?

"Y me seréis testigos…" (Hechos 1:8).

"Vosotros sois la luz del mundo"
(Mateo 5:14).

Nuestra tarea es brillar, no tocar nuestra propia trompeta para que el mundo nos mire a nosotros. Lo que queremos es mostrar a Cristo. Si alguna luz tenemos, es una luz prestada. Alguien le dio a un joven cristiano la siguiente ilustración: la Luna toma su luz del Sol, y nosotros la tomamos de nuestro Sol de justicia. Si somos de Cristo, estamos aquí para brillar por Él, y un día nos llevará a casa para darnos nuestra recompensa.

El ciego y la linterna

Recuerdo haber oído de un hombre ciego que se sentaba al costado del camino con una linterna a su lado. Cuando le preguntaron para qué tenía la linterna si no podía ver la luz, dijo que era para que la gente no tropezara con él. Creo que mucha gente tropieza más por la inconsistencia de cristianos que profesan serlo, que por ninguna otra razón. Lo que hace más daño a la causa de Cristo que todo el escepticismo del mundo, es este formalismo frío y muerto, esta conformidad al mundo, este profesar algo que no tenemos.

Los ojos del mundo están sobre nosotros. Creo que fue George Fox quien dijo que cada cuáquero debía iluminar la región por quince kilómetros a su alrededor. Si todos brilláramos para el Maestro, aquellos que están a nuestro alrededor pronto serían alcanzados, y rápidamente habría un canto de alabanza subiendo al cielo.

La gente dice: "Quiero saber lo que es la verdad". Escuchen: *"Yo soy (...) la verdad"*, dijo Cristo (Juan 14:6). Si quiere saber lo que es la verdad, vaya a Él. La gente también se queja de que no tienen vida. Muchos tratan de alcanzar una vida espiritual. Pueden galvanizarse y ponerse electricidad por dentro, por decir algo, pero no les durará mucho. Solo Cristo es el autor de la vida. Si quiere tener verdadera vida espiritual, acérquese a Cristo. Algunos tratan de avivar su espíritu yendo a reuniones. Pueden ser muy buenas, pero no servirán de mucho a menos que usted entre en contacto con el Dios viviente. Recién allí es cuando su vida espiritual no será algo esporádico, sino perpetuo, fluyendo y llevando fruto para Dios.

Cristo es nuestro guardador

Muchos jóvenes discípulos temen no poder mantenerse.

"He aquí, no se adormecerá ni dormirá el que guarda a Israel" (Salmo 121:4).

Es la tarea de Cristo cuidarnos, y sabemos que si Él nos cuida no tendremos peligro de resbalar. Supongo que si la reina Victoria hubiera tenido que guardar ella misma la corona de Inglaterra, algún ladrón hubiera intentado entrar y robársela. Pero está guardada en la

Torre de Londres, y es vigilada noche y día por los soldados de la guardia real. El ejército real entero, si fuera necesario, estaría allí para protegerla. Y no tenemos fuerzas en nosotros mismos, no podemos darle batalla a Satanás, ya que él nos lleva seis mil años de ventaja en experiencia. Pero entonces recordamos que Aquel que ni se adormece ni se duerme es quien nos cuida. En Isaías 41:10 leemos que:

> *"No temas, porque yo estoy contigo; no desmayes, porque yo soy tu Dios que te esfuerzo; siempre te ayudaré, siempre te sustentaré con la diestra de mi justicia".*

También en Judas, versículo 24, se nos dice que Él: *"Es poderoso para guardaros sin caída".*

> *"Abogado tenemos para con el Padre, a Jesucristo el justo"* (1 Juan 2:1).

Pero Cristo es algo más. Él es nuestro pastor. La tarea del pastor es cuidar a las ovejas, alimentarlas y protegerlas.

> *"Yo soy el buen pastor"* (Juan 10:11).
> *"Mis ovejas oyen mi voz"* (Juan 10:27).
> *"El buen pastor su vida da por las ovejas"* (Juan 10:15).

En el maravilloso capítulo décimo de Juan, el Señor usa el pronombre personal no menos de veintiocho veces, al declarar lo que Él es y lo que hará. En el versículo 28 nos dice que sus ovejas:

> *"No perecerán jamás, ni nadie las arrebatará*
> *de mi mano".*

Note que dice nadie, es decir, ningún hombre. Vea cómo debería leerse verdaderamente este versículo: "Mis ovejas no perecerán jamás, ni ningún hombre o diablo será capaz de arrebatarlas de mi mano". En otro pasaje de Las Escrituras se declara:

> *"Vuestra vida está escondida con Cristo en*
> *Dios"* (Colosenses 3:3).

¡Qué a salvo y seguros estamos!

Cristo dice: *"Mis ovejas oyen mi voz y me siguen"* (Juan 10:27). Un caballero en el este oyó de un pastor que podía llamar a cada una de sus ovejas por nombre. Fue y preguntó si esto era cierto. El pastor lo llevó al prado donde apacentaba, y llamó a una de ellas con un cierto nombre. Una oveja levantó la vista y fue hasta donde ellos se encontraban, mientras que las otras seguían pastando y no prestaron atención. De la misma manera llamó aproximadamente a una docena de ellas. El visitante preguntó:

– ¿Cómo distingue una de la otra? Todas parecen ser perfectamente iguales.

– Bueno –dijo el pastor– usted verá que esa oveja anda en puntillas de pie; aquella otra es medio bizca; a una le falta un mechón de lana; otra tiene una manchita negra; y otra más tiene un pedacito de oreja cortada.

El hombre conocía a cada una de sus ovejas por sus defectos, porque no había ni una perfecta en el rebaño. Supongo que nuestro Pastor nos conoce del mismo modo.

Sus ovejas conocen su voz

Un pastor del este le contó a un amigo mío que sus ovejas conocían su voz y que ningún extraño podía engañarlas. El caballero pensó que sería bueno comprobar si eso era cierto. Así que se puso la túnica y el turbante del pastor, tomó el cayado y se acercó al rebaño. Él impostó su voz, para hacerla lo más parecida posible a la del pastor, pero no pudo lograr que ni una sola oveja lo siguiera. Le preguntó al hombre si nunca ninguna de ellas había seguido a un extraño. Él debió confesarle que si una oveja se volvía enfermiza, seguiría a cualquiera.

De la misma manera sucede con los que se dicen cristianos: cuando se vuelven enfermos y débiles en la fe, siguen a cualquier maestro que pasa por su camino. Pero cuando su alma está sana, un hombre no será arrastrado por errores y herejías. Sabrá si "la voz" habla la verdad o no. Enseguida lo dirá, si está realmente en comunión con Dios. Cuando Dios envía un verdadero mensajero, sus palabras encontrarán una pronta respuesta en el corazón del cristiano.

Cristo es un Pastor amoroso. Alguna vez puede llegar a pensar que Él no ha sido tan amoroso con usted, pero quizás sea que pasa por la vara del azote. Como está escrito:

"Porque el Señor al que ama, disciplina, y
azota a todo el que recibe por hijo"
(Hebreos 12:6).

Un amigo mío perdió a todos sus hijos. Ningún hombre podía amar más a su familia, pero la escarlatina se los llevó uno a uno hasta que todos murieron. Los pobres padres regresaron a Gran Bretaña y allí anduvieron errantes de un lugar a otro, hasta que acabaron por ir a Siria. Un día vieron a un pastor descender a un río y llamar a sus ovejas para que cruzasen del otro lado. Las ovejas llegaron hasta el borde, miraron el agua, pero parecían encogerse ante ella. El hombre no podía lograr que obedecieran al llamado. Entonces él cruzó nuevamente y tomó a una pequeña oveja y la puso debajo de su brazo, luego tomó a otra y la puso debajo del otro brazo, y así cruzó el río. Las demás ovejas no tardaron en seguir al pastor, y pronto estaban todas del otro lado, ansiosas por ir a comer de aquellos pastos nuevos y frescos.

Los desconsolados padres al mirar la escena, sintieron que aquello les había dado una lección: no se quejaron más porque comprendieron que el Buen Pastor había tomado a sus ovejas una por una y las había llevado a un mundo más allá. Comenzaron a alzar la vista y a esperar aquel día en que ellos seguirían a las amadas que habían perdido. Si tiene seres querido que han partido antes que usted, recuerde que el Pastor lo está llamando a "poner la mirada en las cosas de arriba" (ver Colosenses 3:2). Seamos fieles a Él y sigámosle mientras estamos en este mundo. Y si aún no lo ha tomado como su Pastor, hágalo desde este día en adelante.

Una maravillosa descripción de Cristo

Cristo es no solo todas esas cosas que he mencionado sino que, además, es nuestro mediador, nuestro santificador, nuestro justificador. De hecho, haría falta escribir cientos de libros para describir lo que Él desea ser para cada alma. Mientras revisaba algunos papeles encontré esta maravillosa descripción de Cristo. No sé de dónde proviene, pero fue agua fresca a mi alma sedienta, y desearía compartirla con usted.

"Cristo es nuestro camino; caminamos en Él.

Él es nuestra verdad; la abrazamos.

Él es nuestra vida; vivimos en Él.

Él es nuestro Señor; lo elegimos para que gobierne sobre nosotros.

Él es nuestro amo; lo servimos.

Él es nuestro maestro; nos instruye en el camino de la salvación.

Él es nuestro profeta; nos muestra el futuro.

Él es nuestro sacerdote; hace expiación por nosotros.

Él es nuestro abogado; siempre vive para interceder por nosotros.

Él es nuestro Salvador; nos salva completamente.

Él es nuestra raíz; crecemos por Él.

Él es nuestro pan; nos alimentamos de Él.

Él es nuestro pastor; nos guía a pastos verdes.

Él es nuestra vid verdadera; permanecemos en Él.

Él es nuestra agua de vida; saciamos nuestra sed en Él.

Él es nuestro bello amado; lo admiramos más que a todos los demás.

Él es el reflejo de la gloria del Padre, y la imagen de su persona; nos esforzamos en reflejar su semejanza.

Él es el sostenedor de todas las cosas; nos apoyamos sobre Él.

Él es nuestra sabiduría; somos guiados por Él.

Él es nuestra justicia; echamos todas nuestras imperfecciones sobre Él.

Él es nuestra santificación; el poder para nuestra vida de santidad viene de Él.

Él es nuestra redención; nos redime de todas nuestras iniquidades.

Él es nuestro sanador; cura todas nuestras dolencias y enfermedades.

Él es nuestro amigo; nos alivia en nuestras necesidades.

Él es nuestro hermano; nos alienta en nuestras dificultades."

Aquí hay otro hermoso extracto de Gotthold:

"Por mi parte, mi alma es como un niño hambriento y sediento; necesito su amor y consuelo para mi alma.

Soy una oveja perdida; y lo necesito como un pastor fiel y verdadero.

Mi alma es como una paloma asustada, perseguida por el halcón; y necesito sus heridas como refugio.

Soy una vid débil; y necesito su cruz de donde asirme.

Soy un pecador; y necesito su justicia.

Estoy desnudo y descalzo; y necesito su santidad y pureza para que me cubran.

Soy ignorante; y necesito su enseñanza.

Soy simple e ingenuo; y necesito la guía de su Espíritu Santo.

En todo tiempo y situación, puedo salir adelante con Él.

¿Oro? Él acude e intercede por mí.

¿Soy acusado por Satanás ante el divino tribunal? Él es mi abogado.

¿Estoy en aflicción? Él es mi ayudador.

¿Soy perseguido por el mundo? Él me defiende.

Cuando soy abandonado, Él es mi apoyo. Cuando estoy muriendo, es mi vida. Cuando me estoy deteriorando en la tumba, es mi resurrección.

Me apartaría del mundo, con todo lo que él contiene, pero nunca de Él, mi Salvador.

Y gracias a Dios, sé que tampoco Él jamás me dejaría.

Tú eres rico, y yo soy pobre.

Tú tienes abundancia, y yo necesidades.

Tú tienes justicia, y yo pecados.

Tú tienes mosto y aceite, y yo heridas.

Tú tienes pan y agua, y yo hambre y sed.

Úsame, mi Salvador, cualquiera sea el propósito
y cualquiera la manera en que quieras usarme.

Aquí está mi pobre corazón, una vasija vacía; llénala con tu gracia.

Aquí está mi alma pecadora y turbada; vivifícala y refréscala con tu amor.

Toma mi corazón como tu habitación, mis labios para esparcir la gloria de tu nombre, mi amor y todas mis fuerzas para el avance de los creyentes.

Que mi fe nunca decaiga, para que en todo tiempo sea capaz de decir:

Jesús me necesita, y yo a Él, fuimos hechos uno para el otro."[2]

---

[2] Christian Scriver, nacido el 2 de enero de 1629, fue un predicador que tenía una buena amistad con Gotthold, cuyo nombre no se nos da, pero esto es lo que él oyó de sus labios y llamó *"Emblemas de Gotthold"*. Ellos fueron famosos en los días de Martín Lutero. Traducido en los EE.UU. en 1859.

Apartarse de la fe

"Yo sanaré su rebelión, los amaré de
pura gracia; porque mi ira se apartó
de ellos" (Oseas 14:4).

Hay dos clases de creyentes apartados. Algunos en
realidad nunca se han convertido. Han pasado por
todas las formas externas del cristianismo: se han
unido a una comunidad de creyentes, y ahora dicen ser
apartados. Pero en realidad nunca han estado, pueden
hablar de apartarse pero no han nacido de nuevo. Deben
ser tratados en forma diferente a los verdaderos apartados,
aquellos que han nacido de semilla incorruptible, pero se

han deslizado. Queremos traer a estos últimos de nuevo al camino de donde se han desviado y dejado el primer amor.

Si vamos al Salmo 85:5-7 veremos que:

"¿Estarás enojado contra nosotros para siempre? ¿Extenderás tu ira de generación en generación? ¿No volverás a darnos vida, para que tu pueblo se regocije en ti? Muéstranos, oh Jehová, tu misericordia, y danos tu salvación".

Ahora, mire nuevamente:

"Escucharé lo que hablará Jehová Dios; porque hablará paz a su pueblo y a sus santos, para que no se vuelvan a la locura" (v. 8).

Los apartados y La Palabra de Dios

No hay nada mejor para aquellos que se han apartado que llevarlos directamente a La Palabra de Dios, y para ellos tanto el Antiguo como el Nuevo Testamento están llenos de ayuda. El libro de Jeremías, por ejemplo, tiene algunos pasajes maravillosos. Lo que queremos es que ellos oigan lo que el Señor les dirá.

Mire por un momento Jeremías 6:10.

"¿A quién hablaré y amonestaré, para que oigan? He aquí que sus oídos son incircuncisos,

y no pueden escuchar; he aquí que la palabra
de Jehová les es cosa vergonzosa, no la aman".

Esta es la condición de los que se desvían de los caminos de Dios. No se deleitan en La Palabra, pero nosotros queremos rescatarlos y que Dios capte sus oídos. Leamos ahora desde el versículo catorce hasta el diecisiete:

"Y curan la herida de mi pueblo con liviandad,
diciendo: Paz, paz; y no hay paz. ¿Se han
avergonzado de haber hecho abominación?
Ciertamente no se han avergonzado, ni aun
saben tener vergüenza; por tanto, caerán entre
los que caigan; cuando los castigue caerán,
dice Jehová. Así dijo Jehová: Paraos en los
caminos, y mirad, y preguntad por las sendas
antiguas, cuál sea el buen camino, y andad por
él, y hallaréis descanso para vuestra alma.
Mas dijeron: No andaremos. Puse también
sobre vosotros atalayas, que dijesen: Escuchad
al sonido de la trompeta. Y dijeron ellos: No
escucharemos".

Esa era la condición de los judíos cuando se habían apartado. Se habían desviado de las sendas antiguas, del buen Libro de sabiduría. Adán y Eva cayeron por no escuchar la palabra de Dios. No creyeron sus advertencias, sino que le creyeron al tentador. Esa es la forma en que los apartados caen: se alejan de La Palabra de Dios.

"Contenderé aún con vosotros"

En Jeremías 2 encontramos a Dios que contiende con ellos como un padre lo haría con su hijo.

> *"¿Qué maldad hallaron en mí vuestros*
> *padres, que se alejaron de mí, y se fueron tras*
> *la vanidad y se hicieron vanos? (...) Por tanto,*
> *contenderé aún con vosotros, dijo Jehová, y con*
> *los hijos de vuestros hijos pleitearé (...)*
> *Porque dos males ha hecho mi pueblo: me*
> *dejaron a mí, fuente de agua viva, y cavaron*
> *para sí cisternas, cisternas rotas que*
> *no retienen agua".*

Hay una cosa hacia la cual queremos atraer la atención de los que se han apartado, y ella es que el Señor nunca los ha abandonado, ¡sino que ellos lo han abandonado a Él! El Señor nunca los dejó, ¡ellos lo dejaron! Y sin ninguna causa. Él dice: *"¿Qué maldad hallaron en mí vuestros padres, que se alejaron de mí?"* Se han construido —dice— cisternas rotas que no retienen el agua. El mundo no podrá jamás satisfacer a una nueva criatura. Ningún pozo de este mundo puede satisfacer el alma que ha llegado a ser una con el Creador celestial. El honor, las riquezas y los placeres de este mundo, no satisfarán a aquellos que, habiendo probado el agua de vida, se han alejado y buscado refrescarse en las fuentes del mundo. Los manantiales del mundo se secarán. Ellos no pueden apagar la sed espiritual.

Y luego, en el versículo 32, dice:

> *"¿Se olvida la virgen de su atavío, o la*
> *desposada de sus galas? Pero mi pueblo se ha*
> *olvidado de mí por innumerables días".*

Este es el cargo que Dios tiene contra ellos: mi pueblo se ha olvidado de mí por innumerables días.

Con frecuencia he sorprendido a las jovencitas al decirles: "Muchachas, ustedes piensan más en sus aros que en el Señor". La respuesta ha sido un rotundo no. Pero cuando les he preguntado: "¿No se preocuparían si se les pierde uno de ellos? ¿Y no es verdad acaso que no descansarían hasta encontrarlo?" Entonces la respuesta ha sido: "Bueno, sí. Creo que así sería". Pero aunque ellos habían "perdido" al Señor, no estaban turbados en absoluto, ni lo buscaban como para poder encontrarlo nuevamente.

¿Cómo puede alguien que una vez estuvo en comunión diaria con el Señor, ahora pensar más en sus vestidos y ornamentos que en su preciosa alma? Al amor no le gusta ser olvidado. Las madres sentirían que su corazón se rompe si sus hijos se fueran lejos y nunca les escribieran unas palabras o les enviaran una muestra de su afecto; y Dios contiende con los apartados como un padre que ama a alguien que se ha ido: trata de hacerlos regresar. Les pregunta: "¿Qué he hecho para que me abandonen?"

Las palabras más tiernas que se hallan en toda La Biblia son aquellas en que Dios se dirige a los que se han alejado de Él sin causa. Vea cómo les advierte:

> *"Tu maldad te castigará, y tus rebeldías te*
> *condenarán; sabe, pues, y ve cuán malo y*
> *amargo es el haber dejado tú a Jehová tu Dios,*
> *y faltar mi temor en ti, dice el Señor, Jehová de*
> *los ejércitos"* (Jeremías 2:19).

No exagero cuando digo que he visto cientos de apartados regresar al Señor, y les he preguntado si no han considerado su hecho como un daño al corazón de Dios. Usted no encontrará un verdadero apartado, alguien que ha conocido al Señor, que no le diga que ha sido una cosa cruel y amarga la que ha hecho al alejarse. No conozco otro pasaje que mejor se aplique en estos casos. Deseo que lo traiga de regreso a casa, si es que usted también ha vagado por los valles.

Cosa amarga es apartarse

Mire a Lot, por ejemplo. ¿No fue para él algo malo y amargo? Estuvo veinte años en Sodoma y nunca convirtió a nadie. Se acomodó al mundo. Los hombres habrían dicho de él que era uno de los más influyentes y honorables en todo Sodoma. Pero ¡ay! arruinó su familia. Y es un triste cuadro el ver a ese pobre apartado transitando las calles de Sodoma en la medianoche, luego de que advirtió a sus hijos y ellos hicieran oídos sordos.

No he conocido jamás a un hombre y su esposa que se hayan alejado y no hayan causado un daño irreparable a sus hijos. Sus hijos se burlarán de la religión y ridiculizarán a sus padres: "Tu maldad te castigará, y tus rebeldías te condenarán".

¿No le sucedió a David lo mismo? Mírelo clamando:

> *"¡Hijo mío Absalón, hijo mío, hijo mío Absalón!*
> *¡Quién me diera que muriera yo en lugar de ti,*
> *Absalón, hijo mío, hijo mío!"*
> (2 Samuel 18:33).

Creo que fue la ruina, y no la muerte de su hijo lo que causó esta angustia.

Vagar en las montañas áridas del pecado

Recuerdo haber estado involucrado en una conversación con un anciano hace unos años. Había vagado en las áridas montañas del pecado por años. Esa noche quería volver. Oramos y oramos y oramos, hasta que finalmente la luz vino sobre él, y se fue gozoso. La noche siguiente se sentó en frente de mí mientras yo predicaba. Creo que nunca he visto alguien con un rostro tan triste y compungido en toda mi vida. Le indiqué que me siguiera hasta la sala de consejería.

– ¿Cuál es el problema? –le pregunté–. ¿Ha quitado su vista del Señor? ¿Han regresado las dudas?

– No, no es eso –respondió–. No fui a trabajar, sino que me quedé todo el día visitando a mis hijos. Están todos casados y viven en esta ciudad. Fui de casa en casa, y no hubo uno de ellos que no se burlara de mí. Este es el día más negro de mi vida. He despertado a lo que he hecho: he arrastrado a mis hijos al mundo y ahora no puedo sacarlos de allí.

El Señor le ha devuelto el gozo de la salvación, pero todavía permanecen las amargas consecuencias de su trasgresión.

Si recorre su vida quizás pueda observar los mismos ejemplos que se repiten una y otra vez. Muchos que han venido a su ciudad para servir a Dios, en su prosperidad se han olvidado de Él. ¿Y dónde están hoy sus hijos e hijas? Muéstreme el padre y la madre que han renegado de Dios y han regresado a los miserables caminos del mundo, y no me equivoco si le digo que sus hijos transitan caminos aún peores que ellos.

Como deseamos ser fieles al Señor, les advertimos a estos apartados. Es una señal de amor el anunciar el peligro. Podemos ser vistos como enemigos por un momento, pero los verdaderos amigos son los que alzan una voz de amonestación. Israel no tuvo un mejor amigo que Moisés. En Jeremías, Dios le dio a su pueblo un profeta que lloraba y clamaba para que el pueblo regresara a Dios, pero ellos echaron a Dios. Olvidaron al Dios que los sacó de Egipto, y que los guió por el desierto hasta hacerlos entrar

en la tierra prometida. En su prosperidad, se olvidaron de
Dios y se alejaron. El Señor les dijo lo que sucedería
(Deuteronomio 28), y vea lo que pasó. El rey que se mofó
de las palabras de Dios fue tomado cautivo por
Nabucodonosor, sus hijos fueron asesinados frente a él,
literalmente le quitaron sus ojos, le pusieron grillos de
bronce en sus manos y lo encerraron en un calabozo en
Babilonia (2 Reyes 25:7).

De esta manera él cosechó lo que había sembrado.
Ciertamente es cosa amarga el apartarse de Dios, pero Él lo
atraerá de nuevo con el mensaje de su Palabra.

En Jeremías 8:5 leemos:

> "¿Por qué es este pueblo de Jerusalén rebelde
> con rebeldía perpetua? Abrazaron el engaño, y
> <u>no han querido volverse</u>" (énfasis mío).

Eso es lo que el Señor tiene para reprocharles.

"No han querido volverse"

*"Escuché y oí; no hablan rectamente, no
hay hombre que se arrepienta de su mal,
diciendo: ¿Qué he hecho? Cada cual se volvió a
su propia carrera, como caballo que arremete
con ímpetu a la batalla. Aun la cigüeña en el
cielo conoce su tiempo, y la tórtola y la grulla
y la golondrina guardan el tiempo de su*

> *venida; pero mi pueblo no conoce el juicio de*
> *Jehová"* (Jeremías 8:6-7).

Ahora vea: *"Escuché y oí; no hablan rectamente"*. ¡No hay altar familiar! ¡No hay lectura de La Biblia! ¡No hay tiempo a solas con Dios! Dios se acerca para oír, pero su pueblo se ha alejado. Si hubiera habido un apartado penitente, uno que estuviera ansioso de recibir perdón y restauración, no encontraríamos palabras más tiernas que las de Jeremías 3:12:

> *"Ve y clama estas palabras hacia el norte,*
> *y di: Vuélvete, oh rebelde Israel, dice Jehová;*
> *no haré caer mi ira sobre ti, porque*
> *misericordioso soy yo, dice Jehová, no*
> *guardaré para siempre el enojo".*

Pero vea cómo sigue:

> *"Reconoce, pues, tu maldad, porque contra*
> *Jehová tu Dios has prevaricado, y fornicaste*
> *con los extraños debajo de todo árbol frondoso,*
> *y no oíste mi voz, dice Jehová. Convertíos,*
> *hijos rebeldes, dice Jehová, porque yo soy*
> *vuestro esposo"* (vv. 13-14).

¡Piense en Dios viniendo y diciéndole: "Yo soy tu esposo"!

> *"Y os tomaré uno de cada ciudad, y dos de*
> *cada familia, y os introduciré en Sion".*

"Reconoce, pues, tu maldad." ¡Cuántas veces he tratado de presentarle este pasaje a un creyente apartado! "Reconócelo", y Dios dice que lo perdonará. Recuerdo que un hombre dijo:

– ¿Quién dijo eso? ¿Está allí escrito?

Cuando le acerqué el pasaje: *"Reconoce, pues, tu maldad"*, y el hombre cayó de rodillas y clamó:

– Mi Dios, he pecado.

Y el Señor lo restauró en ese mismo momento. Si usted se ha apartado, Él quiere traerlo de regreso. También dice, en otro lugar:

> *"¿Qué haré a ti, Efraín? ¿Qué haré a ti, oh*
> *Judá? La piedad vuestra es como nube de la*
> *mañana, y como el rocío de la madrugada,*
> *que se desvanece"* (Oseas 6:4).

¡Su compasión y su amor son maravillosos! Y en Jeremías 3:22 dice:

> *"Convertíos, hijos rebeldes, y sanaré*
> *vuestras rebeliones. He aquí nosotros venimos*
> *a ti, porque tú eres Jehová nuestro Dios".*

Aquí pone palabras en los labios del pecador. Solo venga, y si usted viene, Él lo recibirá con gracia y amor. También en Oseas 14:1-4 afirma:

"Vuelve, oh Israel, a Jehová tu Dios; porque
por tu pecado has caído. Llevad con vosotros
palabras de súplica [Él pondrá palabras en
sus labios], y volved a Jehová, y decidle:
Quita toda iniquidad, y acepta el bien, y te
ofreceremos la ofrenda de nuestros labios (…)
Yo sanaré su rebelión, los amaré de pura
gracia; porque mi ira se apartó de ellos".

Solo preste atención a esto: ¡Vuélvete! ¡Vuélvete! ¡¡¡VUÉLVETE!!! resuena a lo largo de todo el pasaje. Si se ha apartado, recuerde que ha sido usted quien ha dejado a Dios y no Él a usted. Tiene que salir del hoyo en que se encuentra, de la misma manera en que se ha metido en él. Y si toma el mismo camino que usó para alejarse, lo encontrará inmediatamente, allí donde usted está.

Cómo tratan a Cristo los apartados

Si tratáramos a Cristo con el mismo cuidado con que tratamos a un amigo terrenal, seguramente no nos apartaríamos, y no habría tantos creyentes alejados. Si estuviera en una ciudad por unas pocas semanas, de ninguna manera me iría de allí sin despedirme de los amigos que he hecho, y saludarlos con un "adiós". Sería criticado si me tomara el tren sin despedirme de nadie. Todos dirían: "¿Cuál es el problema?" ¿Pero alguna vez ha oído de un creyente que está a punto de apartarse, yendo a su habitación y diciendo lo siguiente?:

– Señor, ya hace diez o veinte años que te conozco, y estoy cansado del servicio, el yugo no es tan fácil ni la carga tan ligera, así que voy a volver al mundo; adiós, Señor Jesús, buena suerte.

¿Alguna vez escuchó algo así? No, seguramente que no, y no lo escuchará. Le diré: si usted entra en su cuarto y le cierra la puerta al mundo y tienen comunión con el Maestro, nunca más lo dejará. El lenguaje de su corazón será:

"¿A quién iremos? Tú tienes palabras de vida eterna" (Juan 6:68).

No podría jamás irse al mundo si lo tratara a Dios de esa manera. Pero lo dejó y se escapó. Lo ha olvidado por días. Regrese hoy, tal como está. Decida que no descansará hasta que Él no le haya devuelto el gozo de la salvación.

Un caballero en Cornwall una vez se encontró en la calle con un cristiano que él sabía que estaba apartado. Se acercó a él y le dijo:

– Dígame, ¿no hay un cierto alejamiento entre usted y el Señor?

El hombre asintió con su cabeza y dijo:

– Sí.

– Bueno –le dijo el caballero– ¿qué ha sido lo que Él le ha hecho?

La respuesta fue un mar de lágrimas.

En Apocalipsis 2:4-5 leemos:

> *"Pero tengo contra ti, que has dejado tu primer*
> *amor. Recuerda, por tanto, de dónde has caído, y*
> *arrepiéntete, y haz las primeras obras; pues si no,*
> *vendré pronto a ti, y quitaré tu candelero de su*
> *lugar, si no te hubieres arrepentido".*

Quiero prevenirlo de un error que mucha gente comete con respecto a las "primeras obras". Muchos creen que tienen que tener las mismas experiencias una y otra vez. Eso le ha quitado la paz a muchas personas, porque han esperado una renovación de su primera experiencia. Usted nunca repetirá la experiencia que tuvo la primera vez que vino al Señor, porque Dios nunca se repite. No hay dos personas que luzcan iguales o piensen igual entre millones que existen en el mundo.

Usted puede decir que le cuesta diferenciar a dos personas si no las tiene juntas, pero no bien las conoce un poco más, ya es capaz de distinguirlas. Así que ninguna persona tendrá la misma experiencia dos veces. Es imposible. Si Dios ha de restaurar el gozo a su alma, permita que lo haga de esta manera. No le trace un camino a Dios de cómo bendecirlo. Tendrá una experiencia fresca, y Dios tratará con usted a su manera. Si confiesa sus pecados y le dice que se ha desviado del camino de sus mandamientos, Él le restaurará el gozo de su salvación.

La caída de Pedro

Quiero llamar su atención sobre la manera en que Pedro cayó. Creo que casi todos caemos de la misma manera. Primero quiero dar una advertencia a aquellos que no han caído.

> *"Así que, el que piensa estar firme, mire que*
> *no caiga"* (1 Corintios 10:12).

Hace veinticinco años –y durante los primeros cinco años de mi conversión– yo pensaba que si podía estar en el camino del Señor por veinte años, de allí en más ya no tendría necesidad de temer una caída. Pero cuanto uno más se acerca a la cruz, la batalla se hace más dura. Satanás apunta alto. Él entró entre los doce, y seleccionó al tesorero –Judas Iscariote– y a uno de los principales apóstoles –Pedro–. Ambos cayeron en el punto fuerte de su carácter. Me dijeron que en el único lugar en que el castillo de Edimburgo fue atacado con éxito, era donde las rocas eran más empinadas, y donde la guarnición pensaba que estaba más segura. Si algún hombre piensa que es lo suficientemente fuerte en un punto como para resistir al diablo, allí es donde necesita poner especial atención.

Abraham está en la cabeza de la familia de la fe, y los hijos de la fe trazan su ascendencia hasta Abraham, pero aún en Egipto negó a su esposa (Génesis 12). Moisés fue notable por su mansedumbre, pero con todo no se le permitió entrar a la tierra prometida por un simple acto descuidado en su hablar, cuando el Señor le había dicho que le hablara a la roca para que la congregación y las bestias tuvieran agua para beber.

> *"¡Oíd ahora, rebeldes! ¿Os hemos de hacer*
> *salir aguas de esta peña?"* (Números 20:10).

La cobardía de Elías

Elías era un hombre conocido por su valentía, pero aún así se fue un día de camino por el desierto como un cobarde, y se escondió debajo de un enebro, reclamando para él la muerte por causa de la amenaza de una mujer (1 Reyes 19). Seamos cuidadosos. No importa quién sea el hombre –puede ser un predicador– pero si se enorgullece, de seguro caerá. Nosotros, los seguidores de Jesús, debemos estar constantemente orando para ser más humildes y para mantenernos así.

Dios hizo que el rostro de Moisés brillara para que los otros hombres pudieran verlo, pero Moisés sabía que su rostro no brillaba por sí solo. Cuanto más santo es el hombre en su corazón, más será manifestado al mundo exterior su conversión en su vida cotidiana. Algunas personas hablan de lo humildes que son; pero si tuvieran verdadera humildad no habría necesidad de andar publicándolo. No es necesario. Un faro no tiene una trompeta que suena o un tambor golpeando, para proclamar la proximidad de un barco: con la luz ya es suficiente.

Y así también, si tenemos la luz dentro de nosotros, ella misma será visible. No son los que hacen más ruido los que tienen mayor piedad. Hay un arroyo no muy lejos de donde vivo, y luego de una lluvia abundante puede oírse el sonido de las aguas que corren rápidamente. Pero en pocos días vienen tiempos de clima placentero, y el arroyo se volverá casi silencioso. También hay un río cerca de mi casa, cuyo torrente nunca he escuchado en mi vida, que posee un caudal abundante que corre todo el año. Deberíamos tener tanto de la presencia de Dios dentro de nosotros que su presencia debería ser evidente sin que lo proclamemos a viva voz.

La confianza de Pedro en sí mismo

El primer paso de Pedro hacia la caída fue la confianza de sí mismo que poseía. El Señor le advirtió:

> *"Simón, Simón, he aquí Satanás os ha pedido*
> *para zarandearos como a trigo; pero yo he*
> *rogado por ti, que tu fe no falte"*
> (Lucas 22:31-32).

Pero Pedro dijo:

> *"Dispuesto estoy a ir contigo no solo a la*
> *cárcel, sino también a la muerte"*
> (Lucas 22:33).

> *"Aunque todos se escandalicen de ti, yo nunca*
> *me escandalizaré"* (Mateo 26:33).

> *"Si me fuere necesario morir contigo, no te*
> *negaré"* (Mateo 14:31).

El Señor le amonestó:

> *"Pedro, te digo que el gallo no cantará hoy*
> *antes que tú niegues tres veces que me*
> *conoces"* (Lucas 22:34).

Aunque el Señor lo reprendió, Pedro dijo que era capaz de seguirlo hasta la muerte. Esa jactancia es con frecuencia el preludio de una caída. Caminemos en humildad. Tenemos un gran tentador y, en un momento de descuido, podemos tropezar y caer, trayendo una gran deshonra a Cristo.

El siguiente paso en la caída de Pedro fue que se retiró a dormir. Si Satanás puede acunar a la iglesia hasta hacerla dormir, él hará su trabajo dentro del mismo pueblo de Dios. En vez de velar en Getsemaní, Pedro se quedó dormido, y el Señor le preguntó:

> *"¿No habéis podido velar conmigo una hora?"*
> (Mateo 26:40).

Lo próximo es que peleó en las fuerzas de la carne. El Señor lo reprendió de nuevo y le dijo:

> *"Porque todos los que tomen espada, a espada*
> *perecerán"* (Mateo 26:52).

Jesús tuvo que deshacer lo que Pedro había hecho. La siguiente cosa fue que *"lo siguió de lejos"*. Paso a paso se fue alejando. Es triste cuando un hijo de Dios se aleja de Él. Cuando uno lo ve asociándose con amigos mundanos, y usando su influencia en el lugar incorrecto, no pasará mucho tiempo hasta que traiga desgracia sobre el nombre de toda su familia, y Jesucristo será herido entre sus amigos. Tal hombre, por su mal ejemplo, les hará tropezar y caer también.

Otro paso errado

Lo siguiente es que Pedro se mostró amigable con los enemigos de Jesús. Una dama viene y le dice a Pedro:

– *"Tú también estabas con Jesús el galileo"*.

Pero él lo negó delante de todos, diciendo:

– *"No sé lo que dices"*.

Y cuando se estaba yendo, otra mujer viene y les dice a todos los que allí estaban:

– Este hombre estaba también con Jesús de Nazaret.

Y de nuevo lo niega con juramento:

– *"No conozco al hombre"*.

Pasó otra hora y Pedro no se daba cuenta de su posición; cuando alguien afirma con toda seguridad que debía ser galileo, porque su acento lo delataba. Él se enfureció y comenzó a maldecir, y otra vez más negó conocer a su Maestro; y el gallo cantó (Mateo 26:69-74).

Él comenzó allá lejos, en el pináculo de la vanidad, y empezó a descender paso a paso, hasta que terminó maldiciendo y jurando que nunca había conocido a su Señor.

El Maestro podría haberse dado vuelta y dicho:

– ¿Es verdad, Pedro, que me has olvidado tan pronto? ¿No te acuerdas cuando tu suegra estaba enferma de una fiebre que yo reprendí y la enfermedad la dejó? ¿No te viene a la mente el recuerdo del asombro que tenías en esa pesca milagrosa, cuando exclamaste: *"Apártate de mí, porque soy hombre pecador"* (Lucas 5:8)? ¿Recuerdas cuando en respuesta a tu clamor: *"Señor, sálvame que perezco"*, yo extendí mi mano y te salvé de ahogarte? ¿Has olvidado cuando, en el monte de la transfiguración, con Juan y Jacobo, me dijiste: *"Señor, bueno es para nosotros que estemos aquí, hagamos tres enramadas"* (Mateo 17:4)? ¿Has olvidado cuando estuviste en la última cena, y en Getsemaní? ¿Es verdad que me has olvidado tan pronto?"

El Señor podría haberlo reconvenido con preguntas como esas, pero no lo hizo. Solo le dio una mirada, y había tanto amor en ella que quebró el corazón de ese discípulo valiente, y él se fue y lloró amargamente.

Y luego que Cristo se levantó de la muerte, vea cuán tiernamente trató con este discípulo pecador.

"Y a Pedro"

El ángel que estaba en el sepulcro dijo: *"Decid a sus discípulos, y a Pedro"* (Marcos 16:7, énfasis mío). El Señor no había olvidado a Pedro, aunque él lo había negado tres veces, de modo que hizo enviar este mensaje especial al discípulo arrepentido. ¡Qué tierno y amoroso Salvador tenemos!

Amigo, si usted es uno de los apartados, deje que el amor del Maestro lo atraiga a Él; deje que Él restaure el gozo de su salvación.

Antes de terminar, permítame decirle que tengo fe que Dios restaurará a algunos creyentes apartados a través de la lectura de estas páginas, quienes en el futuro pueden llegar a ser miembros valiosos de la sociedad y preciosas herramientas en la iglesia. Nunca hubiéramos tenido el maravilloso Salmo 32 si David no hubiera sido restaurado:

"Bienaventurado aquel cuya trasgresión ha sido perdonada, y cubierto su pecado".

O el hermoso Salmo 51, el cual fue escrito por un pecador perdonado. Tampoco hubiéramos tenido el precioso sermón del día de Pentecostés, cuando tres mil personas se convirtieron por la predicación de otro pecador restaurado.

Que Dios siga restaurando a otros y los haga mil veces más usados para su gloria, que lo que han sido anteriormente.

Esperamos que este libro haya
sido de su agrado.
Para información o comentarios,
escríbanos a la dirección
que aparece debajo.
Muchas gracias.

Libros para siempre

i n f o @ p e n i e l . c o m
w w w . e d i t o r i a l p e n i e l . c o m

¿PUEDE SER USTED UNA ESTER, UN JOSÉ, UN DANIEL O UNA DÉBORA DE NUESTROS TIEMPOS?

ARRODILLADOS

sobre sus

Promesas

Para ayudar a dar a luz a las promesas, planes y propósitos de Dios no alcanza con "pararnos sobre las promesas", como dice un conocido himno. Debemos aprender a arrodillarnos en oración de intercesión y orar las promesas de Dios de vuelta a Él.

En estas páginas conocerá el corazón de Dios por la oración y lo profético, su corazón por su pueblo, Israel, cómo elevar un clamor por misericordia y cómo llamar a la intervención de Dios. Que la intercesión profética lo consuma con una visión por cambiar la historia.

¿Anhela un **AVIVAMIENTO** en su vida, en su iglesia, en su comunidad y aún más allá? ¿Alguna vez se ha preguntado por qué los avivamientos han venido a ciertas áreas con tales maravillas y una pasión... y luego parecen desvanecerse?

Plan estratégico de transformación

Si usted quiere ver una transformación duradera que se extienda por toda su iglesia, su comunidad y su nación, este iluminador y atractivo libro le dará las herramientas que necesita

El Espíritu de los vencedores

L os que llegan primero prueban que lo imposible ciertamente es posible. Jesucristo mostró a su pueblo el sendero hacia una vida asombrosa, abundante y llena de poder. Esa senda transforma a los hombres y mujeres normales en *vencedores*.

Dios está levantando una generación de vencedores:
CONVIÉRTASE EN UNO DE ELLOS

Hay un poder disponible para cambiar su vida:
TENGA UN CARACTER DE TRIUNFADOR

Sea lleno del Espíritu Santo:
POSEA LA VALENTÍA DEL VENCEDOR

Tenga la unción para abrirse paso:
LA FUERZA DEL VENCEDOR

Obtenga la gran transferencia:
VICTORIA EN LO ECONÓMICO

www.editorialpeniel.com

Este libro
sacudirá los fundamentos del movimiento de
oración intercesora. Aquí, por primera vez,
tenemos una investigación que
abarca el mapeo espiritual y
cómo esta herramienta ayuda a
los intercesores para transformar
una comunidad para Cristo.

Desate el poder
transformador de Dios
a través de *Intercesión
con fundamento*

INTERCESIÓN
con
fundamento

www.editorialpeniel.com